Dietmar W. Brandt

Verborgene Toskana

Die Geheimnisse der Lunigiana

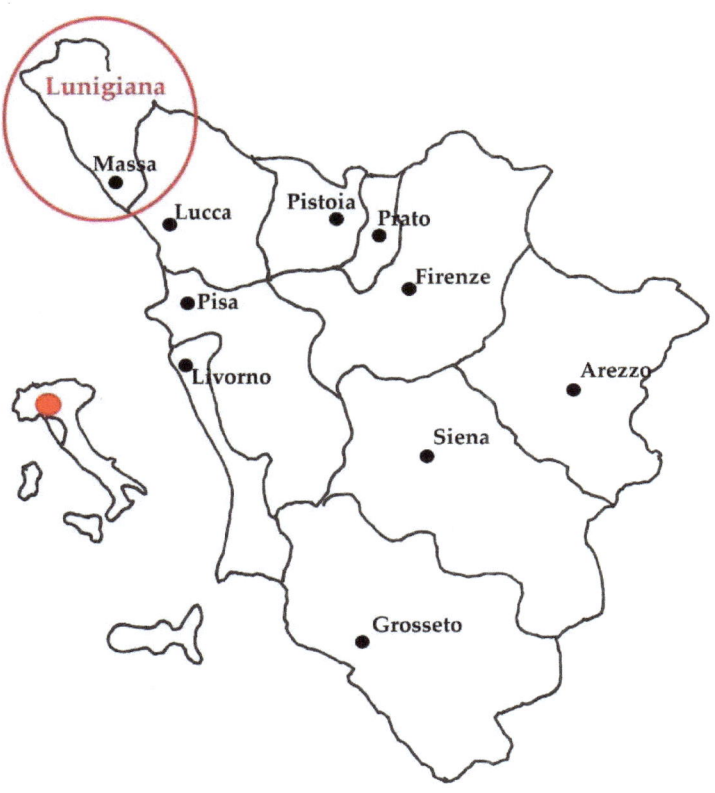

Natur • Kultur • Genuss

Impressum

Wenn euch das Buch gefallen hat, schreibt mir einfach eine E-Mail unter Nennung des Titels an: post@lunigiana-toskana.de Ich freue mich darauf, von euch zu hören. Weitere Informationen und Neuigkeiten findet ihr jederzeit unter: www.lunigiana-toskana.de.

Bibliografische Information der Deutschen Nationalbibliothek: Die Deutsche Nationalbibliothek verzeichnet diese Publikation in der Deutschen Nationalbibliografie; detaillierte bibliografische Daten sind im Internet über https://portal.dnb.de abrufbar.
Die automatisierte Analyse des Werkes, um daraus Informationen insbesondere über Muster, Trends und Korrelationen gemäß §44b UrhG („Text und Data Mining") zu gewinnen, ist untersagt.
© 2025 Dietmar W. Brandt
© Skizzen, Zeichnungen und Fotografien Dietmar W. Brandt

Weitere Mitwirkende: tutti gli amici della Lunigiana
Verlag: BoD · Books on Demand GmbH, In de Tarpen 42, 22848 Norderstedt, bod@bod.de
Druck: Libri Plureos GmbH, Friedensallee 273, 22763 Hamburg
ISBN: 978-3-7693-7632-6

Per XVI IX LXX
incantavole
Mocron sempar pu blu

Inhalt

I

Ti voglio tanto bene

Wenn man an die Toskana denkt, tauchen vor dem inneren Auge sofort bekannte Bilder auf: endlose Zypressenalleen, sanft geschwungene Hügel, goldene Weizenfelder im warmen Abendlicht. Die klassische Postkartenidylle, die seit Jahrzehnten Besucher aus aller Welt anzieht. Doch die Toskana hat eine andere, wildere, geheimnisvollere Seite – eine, die sich nicht in wohlgeformten Weinbergen oder malerischen Renaissance-Städten zeigt. Eine, die zwischen den Bergen und dem Meer verborgen liegt, dort, wo die sanften Linien der Landschaft rauen Felsen und dichten Kastanien- und Eichenwäldern weichen.
Diese Region ist anders. Hier ist die Toskana nicht golden, sondern grün und steinig. Die Gipfel der Apuanischen Alpen ragen schroff in den Himmel, während sich im Westen die Ligurische Küste erstreckt, wo das Meer wie ein versprochenes Geheimnis in der Ferne glitzert. Die Lunigiana ist ein Land der Burgen, mittelalterlichen Dörfer und versteckten Täler. Eine Region, die ihre Vergangenheit nicht überdeutlich ins Schaufenster stellt, sondern leise in ihren verwitterten Mauern bewahrt. Hier weht der Wind durch verlassene Kastelle, plätschern uralte Quellen an Pilgerwegen, während in den Trattorien dampfende Schüsseln mit Pasta und frisch geriebenem Pecorino auf die Tische kommen. Es ist eine unentdeckte Toskana, eine, die sich nicht jedem sofort erschließt. Sie hat nichts mit den touristischen Klischees von Florenz oder Siena gemein. Wer hierherkommt, entdeckt kein inszeniertes Italien, sondern ein echtes. Dieses Buch ist eine Einladung. Eine Einladung, die Lunigiana kennenzulernen, ihre Landschaften, ihre Menschen, ihre Küche – ihre Seele. Meine Geschichten sollen euch inspirieren, dieses Juwel auf eure eigene Weise zu entdecken und Erinnerungen zu schaffen, die bleiben. Willkommen in der Lunigiana – meiner neuen Heimat, die ich so sehr ins Herz geschlossen habe.

Lunigiana – ich mag dich sehr! Ti voglio tanto bene!

Luni – Die versunkene Stadt, Ursprung der Lunigiana

Bevor es die Lunigiana gab, bevor all die Burgen die Hügel krönten und Pilger auf der Via Francigena durch die Täler zogen, gab es eine Stadt, die den Namen dieser Region prägte: Luni.

Heute ist Luni ein ruhiger, fast unscheinbarer Ort, doch einst war es eine der bedeutendsten römischen Kolonien Norditaliens. Eine Stadt aus Marmor, reich, blühend, direkt am Meer gelegen. Eine Stadt, die Kaiser besuchten, die Dichter besangen und die Kaufleute in aller Welt kannten. Doch wie so viele große Orte der Antike versank sie langsam in Vergessenheit, ihre Steine wurden geplündert, ihre Geschichte unter Erdschichten begraben. Und doch lebt ihr Name weiter – in der Lunigiana, in der Landschaft, in den Menschen, die hier ihre Heimat gefunden haben.

Die Gründung von Luni, eine Stadt aus Marmor und Legenden

Luni wurde 177 v. Chr. von den Römern gegründet, nach dem Sieg über die Ligurischen Apuaner, die bis dahin das Land zwischen den Bergen und dem Meer beherrschten. Sie lag an einem strategisch perfekten Punkt: nahe am Tyrrhenischen Meer mit direktem Zugang zu den Flüssen und Tälern des Apennins.

Doch was Luni wirklich besonders machte, war sein Marmor. Nur wenige Kilometer entfernt, in den Bergen von Carrara, wurde der berühmteste Marmor der Antike abgebaut. Der weiße Marmor von Luni war so rein und edel, dass er in die ganze römische Welt exportiert wurde. Das Pantheon in Rom, das Forum, unzählige Tempel und Villen wurden mit diesem erlesenen Marmor erbaut.

Die Stadt wuchs und gedieh, wurde zu einem Handelszentrum, zu einem Knotenpunkt für Händler, Seefahrer und Handwerker. In ihrer Blütezeit lebten hier über 50.000 Menschen – für die Antike eine gewaltige Zahl und sie war die zweitgrößte Stadt nach Rom. Die Straßen waren gepflastert, es gab Tempel, Thermen, ein riesiges Forum und vor allem: ein Amphitheater für über 7.000 Zuschauer, das heute noch in seinen Grundmauern erhalten ist.

Die goldene Zeit und der langsame Untergang

Doch mit dem Ruhm kam auch der Neid. Luni wurde mehrfach von Piraten und Barbaren geplündert. Im 4. Jahrhundert begann der Niedergang. Die Flüsse verschlammten die Häfen, das Meer zog sich langsam zurück, die Handelswege verlagerten sich. Die einst stolze Stadt geriet langsam in Vergessenheit. Im Mittelalter wurde sie endgültig verlassen. Ihre Steine wurden in den umliegenden Dörfern verbaut, ihre Tempel verschwanden – aber ihr Name blieb.

Die Menschen, die sich weiter im Inland ansiedelten, nahmen den Namen „Luni" mit sich und nannten die gesamte Region Lunigiana – das Land von Luni.

Luni heute – Ein Spaziergang durch die Vergangenheit

Heute ist Luni ein Ort für Entdecker. Keine glanzvolle Stadt mehr, sondern eine archäologische Stätte, in der Geschichte und Natur aufeinandertreffen.

Ein Spaziergang durch die Ruinen führt durch die Überreste des antiken Forums, vorbei an den Grundmauern von Villen und Tempeln bis zum beeindruckenden römischen Amphitheater, das noch immer in seiner halbrunden Form erhalten ist.

Hier, wo einst Gladiatoren kämpften und Schauspieler Tragödien aufführten, ist es heute still. Der Wind weht durch das hohe Gras, die Zikaden singen und nur wenige Besucher verirren sich hierher.

Doch wer die Augen schließt, kann sich die Stadt noch vorstellen: die mit Marmor verkleideten Straßen, auf denen Wagen rollten und Die Hafenarbeiter, die mit Schiffen aus Spanien, Griechenland und Ägypten handelten. Die Händler, die exotische Waren aus dem Mittelmeerraum feilboten. Und dann waren da noch die Patrizier, die in ihren Villen über das Meer blickten und glaubten, ihre Stadt würde ewig bestehen.

Luni mag mittlerweile in Trümmern liegen, aber ihre Geschichte lebt weiter – in jedem Stein der Region, in jedem Namen, in jeder Erinnerung. Ohne Luni gäbe es die Lunigiana nicht. Ohne ihre Vergangenheit gäbe es keine Burgen, keine mittelalterlichen Städte, keine alten Pilgerwege, die von einer römischen Stadt erzählen, die einst am Rand der Welt lag und doch das wichtige Zentrum einer ganzen Region war.

Ein Besuch in Luni ist auf alle Fälle kein typischer Toskana-Moment. Hier gibt es außer im Museumsbereich keine perfekten Fotomotive, keine touristischen Massen, keine schicken Cafés. Aber es gibt die Stille der Geschichte. Und das ist manchmal mehr wert als jeder Postkartenblick.

Amphitheater Luni

Amphitheater Luni

Museum Luni

Pontremoli – Die zitternde Brücke

Es gibt Zeiten, die man nie vergisst – Zeiten, in denen das Internet noch nicht die Welt beherrschte und Reiseempfehlungen von echten Menschen kamen, nicht von Apps und Algorithmen. In verschwörerischem Tonfall, mit leiser Stimme, wurden Geheimnisse über versteckte Restaurants, menschenleere Nebenstraßen und malerische Orte geteilt.

Ich hatte diese guten alten Zeiten fast vergessen, seit ich in der Lunigiana lebe und zufällig in meinem Nachbarort Pontremoli an dieses vergessene Geheimnis erinnert wurde. Dieses kleine Städtchen im Norden der Toskana liegt zwischen zwei Flüssen, der Magra und dem Fiume Magra. Der Name stammt von den italienischen Wörtern ponte (Brücke) und tremare (zittern). Pontremoli bedeutet somit zitternde oder wackelnde Brücke.

An einem sonnigen Tag in den Neunzigern war ich mal wieder von Deutschland aus auf dem Weg nach La Spezia, um meine Freunde und Geschäftspartner zu besuchen. Ich fuhr auf der E33, die sich wie ein silberner Faden durch das Herz der Lunigiana zieht. Als ich die Höhe von Pontremoli erreichte, beschloss ich spontan, eine kleine Kaffeepause einzulegen. Ich war müde und matt vom vielen langweiligen Autobahn fahren und brauchte eine Pause, also verließ ich die E 33 und fuhr auf die SS 62, direkt ins Zentrum. Dort fand ich einen großen, kostenfreien Parkplatz direkt an der Magra. Ich erinnere mich genau, als ob es gerade passiert: Mein erster Weg führt mich über die Ponte della Cresa, eine alte Steinbrücke, die die beiden Hälften der Stadt verbindet. Ich bleibe kurz stehen, lehne mich an das kühle Mauerwerk und lasse den Blick schweifen: Kleine Boote dümpeln auf dem Fluss, die bunten Fassaden der Häuser spiegeln sich im Wasser, in der Ferne höre ich eine Kirchenglocke.

Ich überquere also die mittelalterliche Brücke und befinde mich urplötzlich mitten im quirligen Samstagmorgen-Markt.

Es ist Markttag in Pontremoli und das bedeutet: ein Fest für die
Sinne. Er erstreckt sich über die kleinen Plätze und Straßen der Altstadt. Zwischen den Ständen duftet es nach frischem Brot, würzigen
Käsen, luftgetrocknetem Schinken und süßen Kastanienprodukten –
den Spezialitäten der Region.

Ich kaufe ein Stück Parmesan und eine Salami von Felino als Gast-
geschenk für meine Freunde. Felino, die beste Salami, die ganz Italien zu bieten hat. Und wie so oft in Italien üblich, verwickelt mich
die Marktfrau sofort in ein Gespräch, gespickt mit lokalen "Tipps". Ich
will eigentlich nur einen Espresso trinken, aber sie meint: "Zu dieser
Tageszeit sollten Sie auf keinen Fall Kaffee trinken ..." "Oh, warum
nicht?" Ich muss lächeln. "Nein, nein, nein!" Sie redet mit Händen
und Füßen, da mein Italienisch noch nicht so ganz ausgereift ist. "Sie
müssen zu Luciano's Bar auf der Piazza. Da trinken die Einheimischen jetzt ihren Aperitivo." Ratet mal, was ich tue! Natürlich gehe
ich zu Luciano's Bar und bestellte einen Bianco oro, einen Aperitivo
nach dem Geheimrezept von Roberto, dem Besitzer der Bar. Er klärt
mich zudem darüber auf, dass man Pontremoli nicht verlassen
könne, ohne die berühmten Testaroli al pesto probiert zu haben, die
Spezialität der Region Lunigiana. Nach seinen ausführlichen Weg-
beschreibungen finde ich schließlich in einer Gasse die Trattoria No-
rina, ein sympathisches kleines Lokal mit Blick auf den Fluss Magra.
Während ich meine Testaroli zum Mittagessen genieße, telefoniere
ich mit meinen Freunden Delisa und John, um sie auf mein Zuspät-
kommen vorzubereiten. "Nimm dir alle Zeit der Welt, Dietmar",
meint Delisa freundlich. "Und wenn du schon in Pontremoli bist,
musst du unbedingt in das Schweizer Café gehen. Sie haben dort
unglaubliche Süßspeisen!" Selbstverständlich befolge ich auch diesen Rat. Dank der zahlreichen Schweizer Familien, die im 19. Jahrhundert nach Pontremoli kamen, um Cafés und Konditoreien zu er-
öffnen, gibt es heute noch das berühmte Caffè degli Svizzeri auf der
Piazza della Repubblica. Hier wurden die berühmten "Amor" erfunden – kleine, leckere Süßigkeiten, die mittlerweile das Symbol der
Stadt geworden sind.

Sie werden aus einer Art Buttercreme hergestellt, das Rezept ist streng geheim, und zwischen zwei Waffeln aufgetragen. Größe und Format ähneln den uns bekannten Hanuta-Waffeln.

Amor Waffeln

Der Nachtisch in Form von Amor war somit gesichert und letztlich eine der besten Empfehlungen seit Langem. Und man versteht sofort, warum sie diesen Namen tragen.

Also, wie ihr lesen könnt, lohnt es sich immer, mit Einheimischen ausgiebig zu reden und Fragen zu stellen. Und wenn es mit dem Wortschatz noch nicht so klappt, gibt es Hände, Füße oder ein Stück Serviette für eine schnelle Skizze.

Ein Spaziergang durch die Geschichte

Pontremoli ist mehr als nur eine Stadt, sie ist ein lebendiges Geschichtsbuch. Im Mittelalter war sie ein wichtiger Knotenpunkt auf der Via Francigena, der berühmten Pilgerroute von Canterbury nach Rom. Händler, Pilger, Adlige und Krieger durchquerten diese Straßen, und die Spuren ihrer Geschichten sind bis heute sichtbar.

Ich folge der Hauptstraße und erreiche die Piazza della Repubblica, das pulsierende Herz von Pontremoli.

Hier reihen sich kleine Cafés, Boutiquen und Buchläden aneinander, eine perfekte Mischung aus Tradition und modernem Leben. Ich nehme mir einen Moment, um die Atmosphäre aufzusaugen, bevor ich mich dem Wahrzeichen der Stadt nähere: dem Castello del Piagnaro - Die Festung über der Stadt. Pontremoli, eines der eindrucksvollsten Städtchen der Region, eine Stadt, die so viele Geschichten in sich trägt, dass man sie fast hören kann, wenn man durch ihre Gassen schlendert. Türme ragen über die Dächer, steinerne Brücken verbinden die Ufer des Flusses Magra und über allem thront majestätisch das Castello del Piagnaro, eine Festung, die seit Jahrhunderten über Pontremoli wacht. Der Weg zur Burg führt mich durch enge, gepflasterte Gassen, die sich steil den Hügel hinaufwinden. Oben angekommen, wird die Mühe belohnt: Die Aussicht über die Stadt und die umliegenden grünen Hügel der Lunigiana ist einfach spektakulär. Die Festung selbst ist eine Mischung aus rauer mittelalterlicher Architektur und modernem Museumsbetrieb. Im Inneren befindet sich das Museo delle Statue Stele, eine Ausstellung über die mysteriösen Steinstatuen, die überall in der Lunigiana gefunden wurden. Diese uralten, menschenähnlichen Skulpturen stammen aus der Bronzezeit und geben Archäologen bis heute Rätsel auf. Wer waren die Menschen, die sie erschaffen haben? Welche Bedeutung hatten sie? Niemand weiß es genau, aber eben dies macht ihren Zauber aus. Im Schlossmuseum könnt ihr die typischen Steinskulpturen mit halbmondförmigen Gesichtern bewundern. Ihr Alter und die genaue Herkunft geben Forschern immer noch Rätsel auf. Es wurden bis heute rund 80 Statuen- oder Stelenmenhire entdeckt. Diese geheimnisvollen Steinfiguren tauchten oft an ganz besonderen Orten auf: auf Weiden, an alten Übergängen von Flüssen oder entlang von Bergpässen – Orte, an denen einst Menschen handelten, reisten oder vielleicht sogar Rituale abhielten. Die erste Entdeckung geht auf das Jahr 1827 zurück, als im kleinen Dorf Nova, in der Gemeinde Zignago (Provinz La Spezia), der erste Statuenmenhir gefunden wurde. Seitdem haben immer wieder Bauern, Forscher oder Zufälle neue Exemplare ans Licht gebracht. 1886 wurden sogar zwei kleine rechteckige Stelen im Golf von La Spezia unter Wasser gefunden, doch leider sind sie später verloren gegangen. Ein besonders spannender Fund gelang im Jahr 1905 in Fivizzano: Ein Landwirt stieß auf neun vergrabene Statuen, die in einer Reihe standen, nach Größe sortiert und mit dem Gesicht nach Osten ausgerichtet. Was

wohl ihre Bedeutung gewesen sein mag? Die Statuen von Ponte-
vecchio zählen zu den ältesten dieser Funde, während die jüngsten
Entdeckungen erst 2005 in der Gemeinde Mulazzo gemacht wurden.
Wer sich heute ein Bild von diesen faszinierenden Steinfiguren machen möchte, kann das im Museo delle Statue Stele Lunigianesi tun.
Das Museum, das 1975 im Castello del Piagnaro in Pontremoli eröff-
net wurde, beherbergt viele der Statuen – entweder als Originale
oder als detailgetreue Nachbildungen. Jede dieser Steinstatuen erzählt eine Geschichte, auch wenn wir bis heute nicht alle ihre Geheimnisse entschlüsseln konnten. Vielleicht macht genau das ihren
Reiz aus.

Statuenmenhire

Ich streiche mit den Fingern über das kalte, glatte Gestein einer der
Figuren, ein direkter Kontakt mit der Vergangenheit. Ein Moment der
Ehrfurcht.

Ein weiteres und besonderes Zeugnis des ehemaligen Reichtums der Stadt ist auch die Villa Dosi Delfini. Bis heute dient die Villa der Familie Dosi als temporärer Aufenthaltsort zur Erholung vom Mailänder Stadtleben und dem repräsentativen Status. Man kann einige Räumlichkeiten der Villa für Hochzeiten buchen, was aber, wie man sich sicher denken kann, nicht ganz günstig ist. Mittlerweile besteht auch die Möglichkeit, auf der Webseite und dem dazugehörigen Kalender online Tickets zu reservieren. Man erhält dann eine individuelle Führung durch die Villa und den zauberhaften Garten. Lasst euch in der barocken Villa mit ihren Wasser- und Lichteffekten und zahlreichen Trompe l'oeiles vom einstigen Einfluss und Reichtum der Dosis überraschen.

Im Palazzo Dosi Magnavacca in der Altstadt Pontremolis erzählt die Pracht des Atriums, der Haupttreppe und des großen Saals, der mit Gemälden und mythologischen Geschichten bemalt ist, vom Reichtum und der Macht dieser immens reichen Händlerfamilie.

Die Größe des Palazzo gibt einen guten Blick auf die Gesellschaft Pontremolis im 18. Jahrhundert, wo sich das Nützliche mit dem Angenehmen verband und wo Kunst und Kultur immer sehr eng mit Handel und Gewerbe verflochten waren.

Pontremoli, die Stadt der Bücher

Zurück in der Altstadt entdecke ich, warum Pontremoli auch als "Città del libro", die Stadt der Bücher, bekannt ist. Jedes Jahr im Sommer findet hier das berühmte Literaturfestival "Premio Bancarella" statt, ein wichtiger italienischer Literaturpreis, der in den 1950er-Jahren von reisenden Buchhändlern ins Leben gerufen wurde. Der erste Preisträger war übrigens Ernest Hemingway mit „Der alte Mann und das Meer". Ich lasse mich treiben und entdecke eine kleine, urige Buchhandlung in einem Gewölbe aus grobem Stein. Der

Besitzer, ein älterer Herr mit einer Lesebrille, begrüßt mich mit einem Lächeln und zeigt mir ein paar seiner Lieblingsbücher über die Lunigiana. Ich blättere durch alte Landkarten, staune über kunstvolle Einbände und nehme mir ein Buch über die Geschichte der Via Francigena mit – ein perfektes Souvenir.

Als ich ins Auto steige und den Motor starte, werfe ich noch einen letzten Blick zurück auf die Türme, die Brücken, die engen Gassen, bevor ich mich zu meinen Freunden aufmache.

Pontremoli ist keine Stadt, die man einfach mal schnell besucht – es ist eine Stadt, die man erlebt, fühlt, schmeckt und in Erinnerung behält. Sie vereint mittelalterlichen Charme mit lebendiger Kultur, traditionelles Handwerk mit kulinarischem Genuss. Dass diese Gegend einmal meine neue Heimat werden sollte, wusste ich da noch nicht.

Attenzione – Blitzergefahr

Mein Roadtrip geht nun weiter auf der SS 62 in Richtung Süden. Doch Vorsicht ist geboten: Die Italiener sind bekannt für ihre Höflichkeit, besonders wenn es um die Ankündigung von Blitzern geht. Auf der kurzen Strecke von Pontremoli nach Filattiera – gerade einmal 12 Kilometer – lauern gleich zwei dieser scharf eingestellten Fallen. Man darf nicht einmal zwei Stundenkilometer mehr riskieren!

Ich kann euch sagen, dass die Strafzettel nicht prompt kamen, weil sie wohl eine lange Reise hatten. Es dauerte teilweise bis zu neun Monate, bis sie endlich in Deutschland ankamen, und das sicher aus diversen bürokratischen Gründen. Zwar gibt es einen Rabatt von 46 Prozent, wenn man innerhalb von zehn Tagen bezahlt, doch selbst dann kostete das Überschreiten von zwei Kilometern pro Stunde immer noch 48 Euro. Also meine Empfehlung: Haltet euch an die netten Schilder, es spart Geld. Auf der Weiterfahrt nach Filattiera passiert man die kleine, unscheinbare Ortschaft Scorcetoli.

Der Ort hat sogar einen eigenen, dennoch verlassenen Bahnhof an der Strecke von Parma nach La Spezia. Zugfahrkarten können hier über einen Automaten der Trenitalia erworben werden. Abgesehen von einer kleinen Bar in der Nähe des Bahnhofs gibt es hier nicht viel zu entdecken, außer meinem mittlerweile Trüffelhändler des Vertrauens, „Lunigiana Tartufo da Simone Mori".

Lunigiana Trüffel

Der Lunigiana-Trüffel ist der einzigartige Diamant der lokalen Küche. Simone hat sich vor ein paar Jahren selbstständig gemacht und eine kleine, aber feine Manufaktur rund um den Trüffel aufgebaut.
Er hat beschlossen, mit seinen Produkten eine Reihe von Konfitüren, Cremes, Gewürzen und anderen Delikatessen auf Trüffelbasis zu kreieren, wobei er hauptsächlich Rohstoffe verwendet, die er selbst anbaut oder in der Lunigiana besorgt, um eine direkte Lieferkette ohne viele Kilometer zu haben.

Simone hat seine Produktion vor allem auf Trüffelkonfitüren mit Zwiebel, Kastanie, Kartoffel, Apfel, Birne, Paprika, Kürbis und Honig konzentriert. Der Besuch in seinem Shop lohnt sich allemal, denn ihr könnt den Trüffel, je nach Jahreszeit, ganz pur kaufen und zu Hause zum Verfeinern von Pasta verwenden.

Trüffelkonfitüren

Als besonderes kulinarisches Highlight sei hier ein frisches Brot mit Spiegeleiern und Trüffelscheibchen erwähnt. Es ist ein kleiner, aber wertvoller Schatz, den man sich einfach gönnen sollte.

Filattiera – Ein Dorf zwischen Geschichte und Genuss

Die Lunigiana ist voller versteckter Schätze – kleine Orte, die ihre Geschichte nicht laut hinausschreien, sondern sie in ihren Gassen, Mauern und Landschaften bewahren. Filattiera ist eines dieser Dörfer. Es liegt still und unaufgeregt auf einem Hügel oberhalb des Magra-Tals und bewahrt das Erbe vergangener Zeiten ebenso wie die Herzlichkeit, für die die Region bekannt ist. Filattiera ist nicht groß, aber es trägt eine Geschichte in sich, die bis in die Bronzezeit zurückreicht. Ein Ort, an dem sich die Epochen übereinanderlagern wie die Steine in den Mauern seiner alten Häuser.

Ein Knotenpunkt der Geschichte

Filattiera war einst ein bedeutender Ort, ähnlich wie Pontremoli, entlang der Via Francigena, der historischen Pilgerroute, die von Canterbury nach Rom führte. Schon die Ligurischen Apuaner, die hier vor den Römern siedelten, hinterließen ihre Spuren – darunter geheimnisvolle Stele-Statuen, mysteriöse Steinskulpturen mit stilisierten Gesichtern und Körpern, deren genaue Bedeutung bis heute nicht vollständig geklärt ist.

Später wurde Filattiera eine wichtige Grenzfestung in der Lunigiana. Die Malaspina-Familie, eine der mächtigsten Dynastien der Region, baute hier im 13. Jahrhundert eine Burg, um ihre Ländereien zu schützen. Von dort aus konnte man das gesamte Magra-Tal überblicken und den Verkehr auf der Via Francigena kontrollieren.

Die Burg selbst existiert noch heute – als Castello di Filattiera –, eine imposante Ruine, die sich majestätisch über das Dorf erhebt. Die Mauern erzählen von Schlachten, Bündnissen und Verrat, von Reisenden und Kriegern, die hier Rast machten oder um ihr Land kämpften.

Geschichte zum Anfassen

Castello di Filattiera

Die Burg von Filattiera war einst eine uneinnehmbare Festung der Malaspina-Familie. Heute sind Teile der Mauern und Türme noch erhalten, und von hier oben hat man einen atemberaubenden Blick über das gesamte Tal. Besonders im Abendlicht, wenn die Sonne langsam hinter den Bergen verschwindet, ist es ein magischer Ort.

Pieve di Sorano

Die wichtigsten Sehenswürdigkeiten der Gemeinde Filattiera ist neben dem Dorf, welches auf dem sanften Hügel thront, die Pieve di Sorano, ein historisches romanisches Bauwerk. Die Pfarrkirche von Santo Stefano in Sorano ist eine der am besten erhaltenen romanischen Pfarrkirchen des Gebiets. Sie ist leicht zugänglich (sie liegt an der Staatsstraße 62 von Cisa) und ist ein Bauwerk aus dem 12. Jahrhundert, das in einem Gebiet steht, in dem es bedeutende prähistorische Siedlungen gab (wie die Entdeckung von nicht weniger als sieben Stelen in Sorano beweist, von denen zwei an der Fassade zu sehen sind). Die Pfarrkirche von Sorano war wahrscheinlich die wichtigste Niederlassung der Diözese Luni in der Lunigiana: Sie ist ein großes Gebäude und liegt an einer der Hauptverbindungsstraßen zwischen Nord- und Süditalien.

Das Gebäude ist auch wegen seiner baulichen Besonderheiten von Bedeutung: Es besteht aus unbehauenen Flusskieseln, während die Dächer aus Schiefer bestehen. Sehr interessant ist der apsidale Teil mit seinen drei Apsiden und dem quadratischen Glockenturm, die das Profil dieses Gotteshauses unverwechselbar machen.

PIEVE DI SORANO EDLY

L'Antica Pieve: Wo man auf Genuss trifft

Filattiera wäre nicht komplett ohne meine kulinarische Empfehlung. Und in diesem kleinen Dorf gibt es einen Ort, der genau das bietet, wonach man in der Lunigiana sucht: ehrliches, handgemachtes Essen, das die Zeit vergessen lässt.

Das L'Antica Pieve ist nicht einfach nur ein Restaurant, es ist ein Stück Filattiera. Gegenüber der Pieve (Pfarrei) und einem modern gestalteten Kreisverkehr verbirgt sich in einem nicht besonders attraktiven, modernen Bau diese kulinarische Perle von Filattiera.

Der Parkplatz, der mittags und abends immer von einheimischen Fahrzeugen überfüllt ist, lässt erahnen, dass hier etwas Besonderes steckt, das die Einheimischen anzieht. Der Eingangsbereich im Erdgeschoss ist wenig einladend – ein Zeitschriftengeschäft, eine kleine, aber laute Bar und viel Leerstand an Geschäftsräumen. Doch sobald man die Treppe oder den Aufzug zur ersten Etage nimmt, ändert sich urplötzlich alles. Im Vorraum wird man bereits von dem verlockenden Duft der Speisen und Pizzen begrüßt. Im großen Hauptraum, dessen Atmosphäre leider eher einer Bahnhofshalle ähnelt, erwartet und begrüßt dich Graziano, der Inhaber, und sein junges, kompetentes Team. Als Inhaber sorgt Graziano immer gut gelaunt für eine warme Atmosphäre im Restaurant. Wie sein Team ist er sehr aufmerksam und kommt immer mal wieder auf einen kurzen Plausch am Tisch vorbei. Die Speisekarte ist ausgewogen und bietet lokale Spezialitäten wie Wild, Fisch, Pilze und Gemüse, sodass auch Vegetarier auf ihre Kosten kommen. Doch die wahre Besonderheit von L'Antica Pieve sind die sensationell leckeren Pizzen und Pinse aus dem Holzofen. Graziano hat sogar zwei davon, einen mitten im Lokal und einen im Nebenraum für die Außer-Haus-Bestellungen. Der Teig und die Konsistenz der Pizzen werden dich begeistern, neben den immer frischen Zutaten, die draufkommen. Was den Nachtisch angeht, den macht Graziano für jeden Gast höchstpersönlich an einer dafür vorgesehenen Bar im Hauptraum.

Ein Tipp: Wenn du dort essen möchtest, empfehle ich die Zeit zwischen 19 und 20 Uhr, da die Italiener meist nach 20 Uhr erst eintreffen. Im Sommer ist es besonders ratsam, bei der Reservierung einen Tisch auf der Terrasse zu wählen. Die Lage ermöglicht es dir, die Ruhe und Schönheit des Ortes und draußen die angenehm laue Luft am Abend bei einem tollen Essen zu genießen. Hier geht es nicht um Schickimicki, sondern um das pure Erlebnis italienischer Gastfreundschaft.

Was sollte man hier unbedingt probieren?

- Testaroli al pesto – die typische „Ur-Pasta" der Lunigiana, aus Weizenteig, in Eisenplatten gebacken und mit frischem Pesto serviert
- Tagliatelle ai funghi porcini – hausgemachte Bandnudeln mit Steinpilzen aus den umliegenden Wäldern, garniert mit dem heimischen Trüffel
- Agnello al Forno – im Ofen geschmortes Lamm mit Kräutern der Lunigiana

Die Weinkarte konzentriert sich nicht nur auf lokale Tropfen aus der Lunigiana und Ligurien, hier wird dir alles geboten.

Hier zu essen fühlt sich nicht nach einem Restaurantbesuch an. Es ist, als würde man in dem großen Esszimmer einer italienischen Familie sitzen und das Beste genießen, was die Region zu bieten hat.

Filattiera ist kein lautes Dorf. Es drängt sich nicht in den Vordergrund. Es hat keine riesigen Sehenswürdigkeiten oder weltbekannte Attraktionen. Aber es hat eine Seele. Es ist ein Ort, an dem man die Vergangenheit spüren, die Landschaft genießen und die echte Küche der Region entdecken kann. Ob man durch die Gassen schlendert, auf den Spuren der Pilger wandert oder einfach nur bei einem Glas Wein auf der Terrasse der L'Antica Pieve sitzt – Filattiera ist ein Ort, der bleibt. Ein Dorf, das man vielleicht auf der Durchreise in Richtung Meer zufällig entdeckt – und gerne wieder kommt.

Bagnone – Eine Perle im Herz der Lunigiana

Der Tag beginnt, wie sehr oft hier, mit einem leichten Nebel, der sich wie ein sanfter Schleier über die Hügel der Lunigiana legt. Ich fahre auf einer kurvigen Landstraße, die mich durch eine Landschaft führt, die fast zu schön ist, um wahr zu sein: dichte Kastanienwälder, plätschernde Bäche, hier und da ein Steinhaus, das nahezu eins mit der Natur geworden ist. Mein heutiges Ziel: Bagnone, eines der romantischsten Dörfer der Region. Ankunft in Bagnone, einem Dorf wie aus einem Bilderbuch

Bagnone von oben

Kaum rolle ich mit meinem Fiat Spider über das rumpelige Pflaster der Piazza in den Ort, spüre ich, dass Bagnone anders ist – verwunschener, ruhiger, fast poetisch. Die alten Steinhäuser schmiegen sich eng aneinander, als wollten sie sich gegenseitig wärmen. Eine Brücke aus dem Mittelalter spannt sich elegant über den Fluss, der den gleichen Namen trägt wie das Dörfchen, durch das er sich mit glasklarem Wasser schlängelt.

Ich parke am Rand des historischen Zentrums und schlendere langsam hinein. Die Gassen sind schmal, teilweise von Bögen überdacht, die sich wie kleine Tunnel anfühlen. Es riecht nach Holzfeuer, nach feuchtem Stein, nach Geschichte. Bagnone ist nicht groß, aber genau das macht seinen Charme aus – es fühlt sich an wie eine Zeitreise in eine Welt, die ihren eigenen Rhythmus gefunden hat.

Der perfekte Aussichtspunkt

Mein erster Weg führt mich hinauf zur Burg von Bagnone, die hoch über dem Dorf thront. Der Aufstieg durch die alten Pflasterwege ist steil, aber jeder Schritt lohnt sich. Oben angekommen, erwartet mich eine Aussicht, die einem den Atem raubt: sanfte, grüne Hügel, die sich bis zum Horizont erstrecken, und unten das Dorf, das sich malerisch um den Fluss schmiegt.

Die Burg selbst ist heute eher eine Ruine, doch der alte Turm steht noch immer stolz da, ein stiller Zeuge der Jahrhunderte, in denen Bagnone ein strategisch wichtiger Ort auf den alten Handels- und Pilgerwegen war. Ich bleibe eine Weile dort oben, lasse den Blick schweifen und genieße die absolute Ruhe.

Kaffee & Geschichten auf der Piazza

Zurück im Dorf zieht es mich in das Herz von Bagnone: die kleine Piazza Roma, die direkt am Fluss liegt. Hier sitzt man auf Steinbänken, plaudert mit den Einheimischen oder beobachtet einfach das Dorfleben. Ich bestelle einen Espresso in der Bar del Borgo, einer winzigen, urigen Bar, die seit Generationen von derselben Familie geführt wird.

Neben mir sitzen ältere Herren, die gestikulierend über Politik debattieren, während eine Nonna ihrem Enkel ein Stück Kuchen anbietet. Hier ist das Leben entschleunigt, echt, ungekünstelt – so wie die Lunigiana selbst.

Kulinarischer Zwischenstopp – Ein Fest für den Gaumen

Bagnone ist vor allem für seine landwirtschaftliche Kultur und seine Geschichte bekannt, die mit der Kastanie und den Menschen verbunden ist, die bis zum Beginn des 20. Jahrhunderts in den Kastanienhainen lebten. Und natürlich für die besondere Gastronomie: Erbadela, Kastanienpattona und Treschietto-Zwiebeln sind die bekanntesten Spezialitäten. Und da sind wir auch schon wieder bei meinem Lieblingsthema, der Gastronomie. Als leidenschaftlicher Koch und größter Fan der italienischen Kochkünste seit mehr als 50 Jahren, muss ich euch natürlich auch für Bagnone meine Geheimtipps weitergeben.

Meinen ersten kulinarischen Kontakt mit Bagnone hatte ich im Rahmen des Hauskaufs in Mocrone. Gemeinsam mit der umtriebigen Verkäuferin Silvia aus München fuhren wir nach Bagnone zum Mittagessen. "La Lina" musste es unbedingt sein, sagte sie.

Wir waren gegen 13.30 Uhr normalerweise schon spät dran, aber der Wirt sicherte uns doch noch einen Platz zu, obwohl seine Frau sich erst vehement dagegen wehrte.

Drei Gänge für 15 Euro – na, da wollte ich mich einmal überraschen lassen. Es war einfach sensationell, was uns hier für das Geld mittags geboten wurde. Mittlerweile sind uns Valter, der Wirt, seine Frau Francesca und der Sohn Nicolo im Service beste Freunde geworden. Nicht in allen traditionellen Locandas der Lunigiana kann man bei der Bestellung der Antipasti so viele leckere Dinge probieren, die man sonst nirgendwo findet: Wildschweinsalami, Kastanienkuchen mit frischem Ricotta, Torte d'erbe und einen fantastischen Zwiebelkuchen, bei dem man merkt, dass Zwiebeln einen besonderen Charakter haben, wenn sie an einem Ort wachsen, an dem sie gerne wachsen. Valter geht selbst auf Trüffelsuche und hat die besten regionalen Händler in seinem Netzwerk. Und das gibt er mit unbeschreiblichem Fachwissen gerne an alle seine Gäste weiter.

Die Locanda La Lina wird schon lange in den Slow-Food-Osterie d'Italia empfohlen, und das als eine von drei Lokalen in der Lunigiana. Selbstverständlich gibt es auch eine Karte, nach der ihr auswählen könntet. Ich kann dennoch nur empfehlen, sich anzuhören, was Nicolo und seine Kollegen am Tisch für den Abend an Speisen und Überraschungen zu bieten haben. Es lohnt sich allemal, seinen Empfehlungen des Tages zu folgen. Ihr werdet ganz sicher nicht enttäuscht sein. Ein sensationelles Preis-Leistungs-Verhältnis. Mein besonderes Highlight sind auf alle Fälle die "Tagliatelle con tartufo", ein typisches Herbstgericht mit lokalem Olivenöl und geriebenem Parmesan und heimischem Trüffel. Un sogno!

Die Atmosphäre im La Lina ist ebenfalls eine kuriose Besonderheit. Der morbide Charme einer vergangenen, eleganten Jugendstilzeit, ein Klavier mit Notenblättern von Giacomo Puccini als Dekoration, die alten Eichen-Sideboards, auf denen Valter die italienischen Weinköstlichkeiten platziert hat, die charmanten, schon etwas vergilbten Tapeten und die Bilder der regionalen Künstler an der Wand geben dem Lokal einen ganz besonderen Charme. Irgendwie dann doch stimmig. Ich bin jedes Mal total begeistert und entdecke bei jedem Besuch etwas Neues, ein neues überraschendes Detail.

Salotto La Lina

Ein weiterer Tipp ist, vor dem Abendessen die kleine Bar auf dem Vorplatz des La Lina zu besuchen. Wenn ihr vorab etwas Exotisches trinken oder nur einen tollen Aperitivo trinken möchtet, gibt es nur

wenige Schritte neben dem Eingang des La Lina entfernt auf derselben Piazza eine tolle Bar, das Caffè Marconi – "Baretto".
Hier wird das "Apricena" noch zelebriert. Zu euren Drinks bekommt
ihr gleich noch eine kleine Antipastiplatte gereicht, die seinesglei-
chen sucht. Buon appetito!

Natur pur

Nach dem Essen zieht es mich immer an den Fluss Bagnone, der direkt durch den Ort fließt. Das Wasser ist kristallklar, an manchen Stellen formt es Wasserfälle, die sich in viele kleine natürliche Becken ergießen.

Ich folge dem Flusslauf ein Stück, lausche dem Rauschen des Wassers und dem Zirpen der Zikaden. Bagnone fühlt sich an wie ein Ort, an dem die Zeit vergessen hat weiterzulaufen. Und das ist gut so.

„Bagnone ist nicht nur ein Ort - Es ist ein Lebensgefühl. Wer einmal hier war, der kommt immer wieder hierher zurück", sagen mir die Einheimischen. Eh, siii, eh... Ich nicke und lächle – denn genau das fühle ich in diesem Moment. Ein wahrlich magisches Dorf. Mit ganz vielen lieben Menschen.

Meine neue Heimat – Villafranca in Lunigiana

Es gibt Orte, die einen auf wundersame Weise von Anfang an berühren. Die sich nicht aufdrängen, sondern einen leise umarmen und begrüßen. Villafranca in Lunigiana ist für mich genauso ein Ort.

Ich erinnere mich noch ganz genau an meine erste Fahrt nach Mocrone, einem malerischen Ortsteil von Villafranca. „Im Winter hat Mocrone 100 Einwohner, im Sommer 800", sagen die Einheimischen. Denn viele Großstädter aus Milano, Torino und Bergamo haben hier ihr Feriendomizil, um in den Sommermonaten der Hitze der Großstädte zu entfliehen.

Lois, die englische Immobilienmaklerin, fuhr ziemlich flott voraus. Nach den ersten engen Kurven auf der Hauptstraße hatte ich sie auch schon verloren. Kurz nach einer kleinen Piazza am Dorfeingang kam überraschend eine s-förmige Verengung der Fahrbahn. Diese Häuserschlucht war dermaßen eng, dass ich abrupt bremste und stehen blieb. Nach einem kurzen Moment des Schreckens steuerte ich das Auto vorsichtig durch die Passage, während die Sonne lange Schatten auf die enge Gasse warf. Für eine Ape, einen Fiat 500 oder eine Vespa sicher kein Ding, aber für ein Auto mit den heutigen Abmessungen und den dauernd piepsenden Abstandswarnern war es für ein erstes Mal durchaus eine Herausforderung, wenn man völlig überrascht damit konfrontiert wird. Viel später, als ich schon hier wohnte, habe ich mir den Spaß gemacht und die beiden Stellen nachgemessen: Die engste Stelle hat eine maximale Breite von nur 2,05 Metern! Mittlerweile fahre ich hier im Schlaf und blind durch – außer wenn urplötzlich in dieser Engstelle ein Fahrzeug entgegenkommt. Dann zeigen sich wahre italienische Fahrkünste im Rangieren und Rückwärtsfahren.

Mittlerweile ist durch den Hauskauf 2022 dies meine Heimatgemeinde geworden. Die Gemeinde Villafranca in Lunigiana, von den Einwohnern einfach nur Villafranca genannt, ist eines der Zentren mit der höchsten Bevölkerungsdichte.

Der Fluss Magra fließt gemächlich durch das Tal, und über allem thront die Geschichte, die in den mittelalterlichen Mauern, in den verwitterten Steinen der Burgruinen und in den Gesichtern der Menschen weiterlebt.

Villafranca ist keine Stadt, die sich laut in den Vordergrund drängt. Sie ist authentisch, bodenständig und voller Geheimnisse, die ich mit jedem Tag mehr entdecke und lieben lerne.

Schon der Name verrät einiges über die Vergangenheit: „Villa Franca" – das freie Dorf. Im Mittelalter war Villafranca eine weitere bedeutende Etappe auf der Via Francigena, dem alten Pilgerweg, der von Canterbury nach Rom führte. Händler, Pilger, Adelige und Reisende machten hier Rast, bevor sie ihre beschwerliche Reise fortsetzten. Kein Wunder also, dass die Malaspina-Familie, eine der mächtigsten Adelsfamilien Norditaliens, auch hier wieder ihre Spuren hinterließ. Die Malaspina errichteten Burgen, befestigten das Gebiet und kontrollierten die Handelswege, die sich durch das Magra-Tal zogen.

Heute sind diese Zeiten zwar längst vergangen, doch das Flair des Mittelalters liegt noch immer über der gesamten Altstadt.

Es lohnt sich, genauer hinzusehen

Villafranca hat mehr zu bieten, als man auf den ersten Blick vermutet. Wer mit offenen Augen durch das Dorf schlendert, entdeckt überall Spuren der Vergangenheit.

Die vergessene Festung: Castello di Malnido

Am Flussufer ragen die Ruinen des Castello di Malnido auf, einst eine der wichtigsten Burgen der Malaspina-Familie. Die Festung wurde im 13. Jahrhundert erbaut und diente als Verteidigungsposten und Kontrollpunkt für den Handel.

Heute sind nur noch Ruinen übrig – doch wer hier steht, kann sich leicht vorstellen, wie vor Hunderten von Jahren Ritter über die Mauern wachten, Händler mit ihren Waren durch das Tor schritten und Pilger unter dem Schutz der Burg übernachteten.

Chiesa dei Santi Giovanni e Nicolo

Der historische Stadtkern und die alten Brücken

Ein Spaziergang durch Villafranca führt durch enge gepflasterte Gassen, vorbei an jahrhundertealten Steinhäusern und über kleine Brücken, die den Magra-Fluss überspannen. Besonders eindrucksvoll ist die Ponte sul Magra, eine alte Steinbrücke, die seit Jahrhunderten Wind und Wetter trotzt. Auf der Piazza San Nicolo findet man eine in feinstem Marmor gestaltete Dante-Skulptur.

Dante Skulptur Piazza San Nicolo

Mein kulinarischer Nachbar, mein persönlicher Geheimtipp

Villafranca ist nicht nur Geschichte – es ist auch Geschmack, Genuss und Gastfreundschaft. Und genau das finde ich direkt gegenüber meines Hauses – in der Locanda Gavarini im Ortsteil Mocrone. Dieses Lokal ist ein echter Geheimtipp, einer dieser Orte, an denen man sich sofort willkommen fühlt. Die Einrichtung ist bodenständig, warm, ohne Schnickschnack, genau das, was ein gutes Ristorante ausmacht. Im Sommer warten mehrere große, überdachte Terrassen und Rasenflächen auf die Gäste. Ein exzellenter Swimmingpool und ein alter holzbefeuerter Pizzaofen runden das ganze Bild im Außenbereich ab. Es wundert nicht, dass gerade in den lauen Sommernächten an den Wochenenden hier viele Hochzeiten gefeiert werden. Für eine geringe Anzahl von Gästen stehen auch schön hergerichtete Zimmer zur Verfügung. Doch worauf es ankommt, ist das Essen und die Atmosphäre. Und das ist hier pures Lunigiana-Gold.

Gastraum Gavarini

Was macht Gavarini so besonders?

Terrasse im Hinterho

Hausgemachte Pasta, wie sie sein muss
- Gnocchi di funghi porcini su fonduta di Parmigiano al profumo di sottobosco
- Tagliolini fatti in casa al Tartufo Nero estivo e grattugiata di uovo marinato – von Hand gerollt, weich und perfekt
- Ravioli ripieni di Carne e Verdure, fatti in casa, con Ragù alla Bolognese

Fleisch, das auf der Zunge zergeht
- Bistecca alla Fiorentina – ein Steak, das außen kross und innen butterzart ist
- Rollè di coniglio ripieno di castagne, servito con il suo fondo aromatizzato e fichi caramellati

Ein Dessert, das nach Heimat schmeckt

- Mantecato alla crema con rum-eine süße, mit Rum aufgeschlagene Creme
- Babbà al rum con crema pasticcera

Und dann wäre da noch der Wein. Die Auswahl, die Fabio im großzügigen hauseigenen Weinkeller an regionalen und internationalen Tropfen hat, ist einfach exzellent – vom Vermentino über den Canaiolo bis hin zu kraftvollen Rotweinen von den Hügeln der Toskana.
Wer hier isst, bekommt kein aufgesetztes Fine Dining – sondern ehrliche, bodenständige, herzhafte Küche, die seit Generationen mit Liebe gekocht wird.

Heimatgefühl in der Lunigiana
Es gibt viele schöne Orte in der Lunigiana. Doch für mich ist Villafranca etwas ganz Besonderes. Vielleicht liegt es an der Geschichte, die in den vielen alten Mauern lebt. Vielleicht an den Menschen, die einen freundlich grüßen, auch wenn sie dich erst seit wenigen Wochen kennen. Vielleicht am Essen, das so ehrlich ist wie die Region selbst. Oder vielleicht daran, dass ich hier mit den neuen Freunden

endlich das Gefühl habe, angekommen zu sein. Und genau das macht sie zu meiner neuen Heimat.

Ortseingang Mocrone

Virgoletta – Ein Kleinod

Nur wenige Kilometer von Villafranca in Lunigiana entfernt, einge-
bettet zwischen sanften Hügeln und dichten Kastanienwäldern, liegt
Virgoletta – ein Dorf, das aussieht, als wäre es direkt aus einem mittelalterlichen Gemälde entsprungen. Mit seinen verwinkelten Gassen, den eng aneinandergeschmiegten Steinhäusern und der imposanten Burg, die über dem Dorf thront, ist Virgoletta eines jener
versteckten Juwele, die man nicht zufällig entdeckt. Wer hierherkommt, sucht bewusst das Unverfälschte, das Ursprüngliche – die
Lunigiana, wie sie einmal war und immer noch ist.

Ein befestigtes Dorf mit langer Geschichte

Der Name Virgoletta leitet sich vermutlich von „virga" ab, was auf
Latein so viel wie „Zweig" oder „kleiner Ast" bedeutet. Vielleicht ver-
weist der Name auf die üppigen Wälder, die das Dorf umgeben, oder
auf die alten Ligurer, die hier bereits vor der Römerzeit siedelten.

Seine erste urkundliche Erwähnung findet Virgoletta jedoch im Mittelalter, als es zu einem wichtigen befestigten Dorf an der Grenze der
Besitzungen der Malaspina-Familie wurde. Wie viele Orte in der Lunigiana lag Virgoletta an einer strategisch wichtigen Stelle – nahe der
Via Francigena, aber auch im Spannungsfeld zwischen verschiedenen Adelsfamilien, die um die Kontrolle der Region kämpften. Im 13.
und 14. Jahrhundert wurde das Dorf massiv befestigt. Eine imposante Burg, massive Steinmauern und schmale, verteidigungs-
freundliche Gassen zeugen noch heute von dieser kriegerischen Vergangenheit. Doch trotz all der Eroberungen, Kämpfe und
Herrschaftswechsel blieb Virgoletta bestehen, ein stiller Wächter
über die Jahrhunderte hinweg.

Sprung ins Mittelalter

Schon beim Betreten des Dorfes fühlt man sich in eine andere Zeit versetzt. Die engen, kopfsteingepflasterten Gassen schlängeln sich durch das Dorf, oft so schmal, dass sich gegenüberliegende Häuser fast zu berühren scheinen. Das Erste, was ins Auge fällt, ist die Burg, die sich stolz über das Dorf erhebt. Die Festung wurde im Mittelalter von den Malaspina errichtet, später aber von verschiedenen Familien umgebaut und erweitert. Heute ist sie zwar nicht öffentlich zugänglich, doch ihre gewaltigen Mauern und Türme erzählen noch immer von ihrer einstigen Macht.

Die Pfarrkirche San Lorenzo

Im Herzen des Dorfes steht die Chiesa di San Lorenzo, eine schlichte, aber wunderschöne Kirche, deren Ursprünge bis ins 12. Jahrhundert zurückreichen. Im Inneren finden sich beeindruckende Fresken und ein imposanter Marmoraltar – ein Zeugnis der tiefen religiösen Tradition des Dorfes.

Die alten Stadtmauern und das Tor zur Vergangenheit

Noch heute kann man Teile der alten Stadtmauern sehen, die einst das Dorf umgaben und vor Angreifern schützten. Wer durch das Haupttor tritt, fühlt sich fast wie ein Pilger des Mittelalters, der in Virgoletta Schutz und Ruhe sucht. Obwohl Virgoletta heute ein kleines Dorf mit nur wenigen Hundert Einwohnern ist, hat es sich seine starke Identität bewahrt. Es ist ein Dorf für Entdecker, für Liebhaber der versteckten Orte, für Menschen, die das Echte suchen. Ein Spaziergang durch Virgoletta ist eine Reise in die Vergangenheit – aber auch ein Einblick in eine Lebensweise, die in der modernen Welt fast verloren gegangen ist. Hier gibt es keine Eile, keinen Lärm, nur die Stille der Geschichte und die Wärme der Menschen.

Vielleicht ist genau das das wahre Geheimnis der Lunigiana.

Mulazzo – Das Dorf der Malaspina

Mulazzo ist eines dieser Dörfer, die sich wie eine Erzählung aus längst vergangener Zeit anfühlen. Hoch oben auf einem Hügel thronend, umgeben von Olivenhainen und Kastanienwäldern, mit Blick über das Magra-Tal, hat dieses kleine Dorf in der Lunigiana eine Geschichte, die weit über seine Größe hinausgeht.

Hier, zwischen den Steinen der alten Burgruinen und den verwinkelten Gassen, wurde Geschichte geschrieben – von Adligen, von Gelehrten, von Menschen, die die Lunigiana prägten. Und genau deshalb ist Mulazzo nicht nur ein wunderschöner Ort, sondern auch ein Schatz der Vergangenheit, der bis heute seine Geheimnisse bewahrt.

Ein strategisches Zentrum der Lunigiana

Die Geschichte von Mulazzo ist eng mit der mächtigen Malaspina-Familie verbunden, die über Jahrhunderte hinweg in der Lunigiana herrschte. Bereits im 12. Jahrhundert errichteten die Malaspina hier eine bedeutende Festung, um die Wege durch das Magra-Tal zu kontrollieren und ihre Macht zu sichern.

Mulazzo war nicht nur eine Grenzstadt zwischen den verschiedenen Herrschaftsgebieten der Malaspina-Fürsten, sondern auch ein politisches und kulturelles Zentrum. Als eine der wichtigsten Festungen der Region war es mehrfach Schauplatz von Intrigen, Machtkämpfen und Bündnissen.

Noch heute zeugen die Ruinen der Burg von Mulazzo von dieser bewegten Vergangenheit. Ihre Mauern, die einst Könige und Ritter schützten, blicken noch immer über das Tal – ein stilles Zeugnis der Macht, die hier einst regierte.

Ein Dorf der Dichter und Entdecker

Doch Mulazzo ist nicht nur ein Ort der Burgen und Kriege – es ist auch ein Dorf, das die Literatur und die Entdeckerlust geprägt hat.

Der wohl berühmteste Sohn des Dorfes ist Alessandro Malaspina, ein Adliger und Entdecker, der im 18. Jahrhundert die Welt bereiste und den man gut und gerne als „toskanischen Magellan" bezeichnen kann. Er leitete eine der größten wissenschaftlichen Expeditionen der spanischen Krone, um neue Handelsrouten zu erkunden, Küsten zu kartografieren und fremde Kulturen zu studieren.

Seine Reise führte ihn nach Südamerika, Alaska, die Philippinen und Australien, doch seine Wurzeln blieben immer in Mulazzo. Heute erinnert ein kleines Museum im Dorf an ihn, in dem Karten, Aufzeichnungen und Artefakte seiner Reisen ausgestellt sind.

Mulazzo und die Literatur

Mulazzo ist auch als „borgo die libri" – das Dorf der Bücher bekannt. Jedes Jahr findet hier das Festival „Selvaggio West" statt, das sich der Literatur, dem Reisen und dem Entdecken widmet – eine Hommage an Alessandro Malaspina und seinen Forschergeist. Zahlreiche kleine Buchläden, literarische Spaziergänge und Veranstaltungen halten die Tradition der Literatur und des Wissens in diesem historischen Dorf lebendig.

Auch Mulazzo hat seine eigene Burg

Ein Spaziergang durch Mulazzo fühlt sich an wie eine Reise durch die Zeit. Die engen Gassen, die alten Steinhäuser, die immer wieder unerwartete Ausblicke auf die Landschaft freigeben, alles erzählt eine Geschichte.

Das Herzstück von Mulazzo ist die alte Burg, die in früherer Zeit das Zentrum der Malaspina-Herrschaft war. Obwohl heute nur noch

Teile der Mauern und Türme erhalten sind, spürt man hier die Macht und den Einfluss, den dieser Ort einmal hatte.

Von hier oben hat man einen spektakulären Panoramablick über das Magra-Tal, ein Anblick, den einst auch die Adligen genossen haben müssen.

Der Torre di Dante – Ein Mythos?

In Mulazzo gibt es einen alten Turm, von dem behauptet wird, dass Dante Alighieri hier während seines Exils in der Lunigiana Zuflucht gefunden haben soll. Ob es wahr ist oder nicht – die Legende macht den Turm zu einem mystischen Ort.

Das Malaspina-Museum

Für alle, die mehr über die berühmteste Familie der Lunigiana erfahren möchten, ist dieses kleine Museum ein Muss. Es erzählt die Geschichte der Malaspina-Dynastie und zeigt Relikte aus ihrer Herrschaft. Der Eintritt kostet nur sechs Euro und lohnt sich allemal. Geöffnet ist das Museum zwischen dem 15. Juni und dem 30. September.

Das Weinfest

Die Lunigiana ist bekannt für ihren Vermentino und Mulazzo feiert ihn jedes Jahr mit einem Weinfest, das lokale Winzer zusammenbringt. Eine perfekte Gelegenheit, um sich durch die besten Tropfen der Region zu probieren!

Traditionelle Küche: Ein Fest für Genießer. Die Trattorien in Mulazzo bieten einfache, aber köstliche Gerichte, die tief in der Tradition der Region verwurzelt sind. Sommerliche Märkte und Feste: Von Juni bis September verwandeln sich die Plätze und Gassen in eine Bühne für lokale Märkte, Musikfestivals und literarische Veranstaltungen.

Dann füllt sich das Dorf mit Leben, mit Stimmen, mit Geschichten – genauso, wie es immer war. Auch Mulazzo ist kein Ort, den man einfach so durchquert, man muss ihn erleben. Ob beim Spaziergang durch die alten Mauern, beim Nachdenken über die Entdeckungen von Alessandro Malaspina oder beim Genießen eines guten Glases Weißwein mit Blick auf das Magra-Tal – Mulazzo erzählt seine Geschichte leise, aber eindringlich.

Ein Stück unentdeckte Lunigiana, das jeden belohnt, der es wagt, abseits der bekannten Wege zu gehen.

Aulla – Zwischen Geschichte, Zerstörung und Wiedergeburt

Die SS 62 nach Aulla führt mich durch eine Landschaft, die sanft in die Hügel der Lunigiana übergeht. Während die benachbarten Dörfer oft abgeschieden und verwunschen wirken, ist Aulla eine Kleinstadt mit einer anderen Geschichte von Kriegen, Wiederaufbau und Wandel. Schon bei der Ankunft wird mir klar: Aulla ist anders. Anders als das mittelalterlich-romantische Pontremoli oder das verträumte Bagnone. Hier ist das Leben geschäftiger, moderner. Und doch verbirgt sich hinter den neuen Fassaden eine Vergangenheit, die tief in der Geschichte der Lunigiana verwurzelt ist.

San Caprasio – Das spirituelle Herz der Stadt

Mein erster Halt ist die Abbazia di San Caprasio, eines der ältesten religiösen Gebäude der Lunigiana. Schon im 9. Jahrhundert erbaut, war sie über Jahrhunderte hinweg ein wichtiger Stützpunkt für Pilger auf der Via Francigena.

Kaum betrete ich das Innere der Abtei, umfängt mich eine Stille, die fast greifbar ist. Die dicken Steinmauern erzählen von einer Zeit, als Mönche hier Schutz und Zuflucht boten. Heute beherbergt die Abtei ein kleines, aber faszinierendes archäologisches Museum, das die Geschichte der Region zum Leben erweckt. Besonders beeindruckend sind die freigelegten Überreste einer alten Krypta und mittelalterliche Grabstätten, die erst vor wenigen Jahren entdeckt wurden. Ich lasse meinen Blick über die alten Mauern schweifen und stelle mir vor, wie es hier vor Hunderten von Jahren ausgesehen haben muss – die müden Pilger, die Reisenden, die Rast suchten, die Mönche, die in stiller Andacht beteten.

Von der Abtei aus mache ich mich auf den Weg zur bekanntesten Sehenswürdigkeit Aullas: der Fortezza della Brunella. Hoch über der Stadt thront diese mächtige Festung aus dem 16. Jahrhundert, von der aus man einen atemberaubenden Blick über das Magra-Tal hat. Die Burg wurde ursprünglich von den Medici errichtet, um die strategisch wichtige Region zu kontrollieren. Ihre massiven Mauern haben Kriege, Belagerungen und Naturkatastrophen überstanden. Doch was sie für mich besonders spannend macht, ist nicht nur ihre militärische Geschichte, sondern eine ganz besondere Bewohnerin: Kinta Beevor.

Kinta war die Tochter von Aubrey Waterfield, einem englischen Maler, der sich in die Schönheit der Lunigiana verliebt hatte und die Burg als seinen Wohnsitz nutzte. Hier, inmitten dieser rauen, geschichtsträchtigen Mauern, verbrachte sie einen Teil ihrer Kindheit – umgeben von Kunst, Natur und dem Charme einer vergangenen Epoche.

In ihrem Buch **„A Tuscan Childhood"** erzählt sie von ihren Erinnerungen an die Zeit in der Lunigiana, von den Gärten der Burg, den endlosen Sommern, den Begegnungen mit den Einheimischen. Ihre Erzählungen geben einen seltenen, fast magischen Einblick in das Leben einer britischen Künstlerfamilie in Italien zu Beginn des 20. Jahrhunderts. Aubrey Waterfield war einer der bekanntesten Maler seiner Zeit in England. Er heiratete am 1. Juli 1902 in London die Historikerin und Observer-Journalistin Caroline Lucie Isabella Jane Duff Gordon, genannt Lina Duff Gordon (1874–1964), Mitgründerin des British Institute of Florence, die er während seines Studiums in Oxford kennengelernt hatte. Mit ihr hatte er zwei Söhne namens Gordon und John und eben eine Tochter, die spätere Schriftstellerin Kinta Beevor. Waterfield ging mit seiner Frau und den Kindern nach Italien, wo er die Fortezza della Brunella zunächst mietete und dann letztlich erwarb. Hier schuf er unter anderem ganz bedeutende Porträts und Landschafts- und Blumenmotive in der Lunigiana.

Sie ist das imposanteste Bauwerk der Lunigiana: die Brunella Festung, ein beeindruckendes militärisches Bollwerk aus der Renaissance. Strategisch auf einem Felsvorsprung errichtet, diente sie einst dazu, die Hauptverkehrsstraßen der Region zu überwachen – und vermutlich auch potenzielle Feinde in Schach zu halten.

Doch trotz ihrer massiven, fast einschüchternden Präsenz wird sie nur in wenigen historischen Quellen erwähnt. Das erste bekannte Dokument, das sich auf die Festung bezieht, stammt aus dem Jahr 1553, was darauf hindeutet, dass sie zu diesem Zeitpunkt bereits genutzt wurde. Wer sie tatsächlich erbauen ließ, bleibt jedoch ein Rätsel. Drei Theorien sind besonders verbreitet:

Giovanni dalle Bande Nere, ein berühmter Söldnerführer, der 1523 die Herrschaft über Aulla übernahm, dann übernahm Jacopo Ambrogio Malaspina, Markgraf von Aulla Ende des 15. Jahrhunderts und schließlich Adamo Centurione, ein genuesischer Adliger, der das Lehen 1543 erhielt. Jahrhundertelang blieb die Festung in adeligem Besitz, wechselte von den Centurione zurück zu den Malaspina, bis sie nach 1860 schließlich in private Hände verkauft wurde. Ein bedeutendes Kapitel in ihrer Geschichte begann 1920, als das englische Ehepaar Aubrey Waterfield und Lina Duff Gordon das Bauwerk erwarb und liebevoll restaurierte. Seit 1977 gehört die Festung dem Staat und wurde an die Gemeinde Aulla übergeben. Heute kann sie an ausgewählten Tagen besichtigt werden und beherbergt das Naturkundemuseum der Lunigiana. In vier Ausstellungsräumen wird hier die faszinierende Geschichte der Region aus naturwissenschaftlicher Perspektive erzählt. Wer durch die Mauern der Festung wandelt, spürt noch immer die Macht und das

Mysterium vergangener Jahrhunderte. Ein Ort, der Geschichte atmet und zum Entdecken einlädt.

Ich setze mich also an diesem schönen Julitag auf die steinerne Mauer der Burg und lasse den Blick über das Tal und die Magra schweifen. Vielleicht hat Kinta auch genau hier gesessen, hat in die Ferne geschaut und über ihre Zukunft nachgedacht – nicht ahnend, dass sie Jahre später die Erinnerungen an dieses Schloss mit der ganzen Welt in ihrem Buch teilen würde. Ich möchte es ihr nun gleichtun und euch von dieser besonderen Gegend berichten.

Markttreiben und kulinarische Entdeckungen

Jeden Samstag verwandelt sich Aulla in ein farbenfrohes Meer aus Ständen, gefüllt mit frischem Gemüse, duftenden Kräutern, hausgemachtem Käse und würzigen Wurstwaren.

Ich bleibe an einem Stand stehen, der Lunigianeser Honig verkauft – ein echtes Highlight der Region. Die Einheimischen schwören auf seinen intensiven Geschmack, besonders der Kastanienhonig, der eine leicht bittere Note hat. Daneben gibt es frisches Focaccia, mit Olivenöl beträufelt und noch warm aus dem Ofen. Ich kann nicht widerstehen und kaufe mir ein Stück.

Ein Ort des Wandels

Aulla hat eine bewegte Geschichte hinter sich. Während viele Städte der Lunigiana ihre mittelalterlichen Strukturen bewahrt haben, wurde Aulla während des Zweiten Weltkriegs schwer zerstört. Die Bombardierungen trafen die Stadt hart, viele der alten Gebäude verschwanden für immer. Doch die Stadt hat sich wieder aufgerappelt, sich neu erfunden und ist heute ein lebendiger, pulsierender Ort.

Hier begegnet man nicht nur der Vergangenheit, sondern auch der Gegenwart. Die Straßen sind voller Leben, junge Leute sitzen in Cafés, die Geschäfte sind geschäftig und doch spürt man in jeder Ecke noch die Geschichten, die dieser Ort zu erzählen hat.

Bevor ich Aulla verlasse, setze ich mich noch in ein kleines Café an der Piazza Cavour und bestelle mir einen Cappuccino. Ich beobachte die Menschen – eine ältere Frau, die mit einem schweren Einkaufskorb vorbeigeht, ein paar Kinder, die Fangen spielen, ein Mann, der auf dem Fahrrad mit einem riesigen Brot unter dem Arm vorbeifährt.

Aulla mag vielleicht nicht so romantisch oder malerisch sein wie einige der anderen Orte der Lunigiana, aber es hat eine Seele. Eine

Stadt, die überlebt, sich wandelt, wächst. Eine Stadt, die ihre Vergangenheit ehrt, aber gleichzeitig in die Zukunft blickt.

Ich nehme den letzten Schluck meines Cappuccinos, werfe noch einen Blick auf die Burg hoch oben auf dem Hügel und weiß, dass Aulla viel mehr ist, als es auf den ersten Blick scheint.

„Per Bacco" – Ein Abend voller Genuss und toskanischer Magie
Es gibt Restaurants, die man betritt, genießt, bezahlt und wieder vergisst. Und dann gibt es Orte wie das „Per Bacco", die sich mit jedem Bissen, mit jeder Aromenwelle, mit jeder warmen Begrüßung tief ins Gedächtnis einbrennen. Schon beim Betreten spürt man, dass dieses Lokal mehr ist als ein einfaches Ristorante. Die Wände aus warmem Stein, eine einladende Terrasse in Richtung der Piazza, gedämpftes Licht, Regale voller erlesener Weine – eine Atmosphäre, die Eleganz mit echter italienischer Bodenständigkeit verbindet.

Man nimmt Platz, lässt sich in den gemütlichen Stuhl sinken und schaut sich in Ruhe um. An den anderen Tischen sitzen Paare, Familien, alte Freunde, die sich mit einer Flasche Wein zuprosten und lachen. Der Geruch von frisch geröstetem Brot, Knoblauch und langsam geschmortem Fleisch aus der Küche liegt in der Luft.

Gaumenfreuden der Extraklasse
Die Speisekarte? Kurz, aber perfekt. Hier wird nicht mit überladenen Menüs gearbeitet – nein, allein die regionalen Zutaten sprechen für sich. Man sollte mit einer schönen Antipastiplatte beginnen, die einfach alles vereint, was die Region Lunigiana so zu bieten hat:

- Lardo di Colonnata, hauchdünn geschnitten, schmilzt auf der Zunge wie Butter
- Pecorino mit Kastanienhonig, eine Kombination aus Würzig und Süß, die einen hohen Suchtfaktor hat

- Hausgemachte Crostini mit Hühnerleberpastete, cremig, würzig, einfach perfekt!

Dann folgt die nächste große Entscheidung: Pasta, Fisch oder Fleisch? Als bekennender Nudelliebhaber entscheide ich mich natürlich für die Tagliolini alla Salvia – ein Klassiker, der hier seine Meisterklasse erreicht. Zudem werden die Trüffel noch frisch über die dampfende Pasta gehobelt, ihr erdiger Duft mischt sich mit der cremigen Buttersoße. Jeder Bissen ist ein Stück Himmel. Doch das wahre Highlight kommt danach: der Brasato al Chianti. Das Rindfleisch wird über Stunden in Chianti-Wein, Zwiebeln und Kräutern geschmort, bis es so zart ist, dass es fast zerfällt, wenn die Gabel es berührt. Die Soße ist tief dunkel, fast karamellisiert, ein Konzentrat aus Aromen, die auf der Zunge explodieren. Dazu wird ein samtiges Kartoffelpüree serviert, das jede Nuance der Soße aufsaugt. Ein Glas Bolgheri Rosso rundet das Ganze ab, ein Wein, der samtig, vollmundig perfekt zum Brasato passt.

Das Finale: ein süßer Abschied

Natürlich kann man nicht gehen, ohne ein Dessert zu probieren. Heute gibt es die Torta di Ricotta e Pere – eine luftige Ricotta-Birnen-Torte, die nicht zu süß, sondern einfach perfekt ausbalanciert ist. Dazu ein Espresso, klein, stark und ein letztes Geschenk an den Gaumen.

Fazit: Ein Ort zum Wiederkommen

„Per Bacco" ist kein einfaches Restaurant. Es ist eine Liebeserklärung an die toskanische Küche. Jeder Teller, jedes Detail, jede Flasche Wein ist hier mit Bedacht gewählt. Man kommt nicht nur zum Essen, man kommt, um einen Abend zu erleben. Schön war´s, man sieht sich gerne wieder.

Fosdinovo – Burg über den Wolken & Dantes Zuflucht

Die Straße nach Fosdinovo windet sich durch eine Landschaft aus dichten Wäldern, Olivenhainen und Weinbergen. Je höher ich fahre, desto beeindruckender wird die Aussicht, bis ich schließlich den letzten Hügel erklimme und die Silhouette des mächtigen Castello Malaspina über den Tälern auftaucht. Die Sonne taucht die Burg in ein warmes, goldenes Licht, während unten im Tal der Magra-Fluss wie ein silbernes Band schimmert.

Fosdinovo ist kein gewöhnliches Dorf. Es ist ein Ort voller Legenden, Geschichte und Geschichten – und eine davon ist besonders faszinierend: die Verbindung von Dante Alighieri zu den Malaspina.

Ein Wahrzeichen der Lunigiana

Ich betrete das Dorf durch eines der alten Steintore und folge der kopfsteingepflasterten Straße hinauf zur Burg. Das Castello Malaspina, ist eine der am besten erhaltenen Burgen der Toskana. Sie birgt so viele Geheimnisse, dass man gar nicht weiß, wo man anfangen soll. Schon beim Betreten spüre ich die Macht und Erhabenheit dieses Ortes. Dicke Steinmauern, verzierte Säle, gotische Fenster, alles erzählt von einer Zeit, als hier Ritter, Adlige und Poeten ein und ausgingen.

Die Malaspina-Familie, eine der einflussreichsten Dynastien Norditaliens, herrschte über die Lunigiana und empfing zahlreiche Gelehrte, Dichter und Pilger. Einer davon war kein Geringerer als Dante Alighieri, der hier während seines Exils im frühen 14. Jahrhundert vermutlich Zuflucht fand.

Dante in Fosdinovo – Wahrheit oder Legende?

Dante, der von Florenz verbannt wurde, war ein rastloser Wanderer, der Schutz bei verschiedenen Adelsfamilien suchte – darunter auch die Malaspina. Gabriele Malaspina, ein großer Bewunderer Dantes, soll ihm Zuflucht gewährt und Unterkunft geboten haben.

Es gibt sogar ein Zimmer in der Burg, das als „Dantes Zimmer" bekannt ist – mit einer geheimen Falltür im Boden, die angeblich zur Flucht diente, falls er entdeckt wurde. Ob Dante hier tatsächlich Teile der „Göttlichen Komödie" geschrieben hat, bleibt ein Mysterium, aber die Vorstellung ist faszinierend: der große Dichter, in einem Burgzimmer sitzend, über Hölle, Fegefeuer und Paradies sinnierend, während draußen der Wind durch die engen Gassen pfeift.

Ich setze mich auf eine steinerne Bank im Burghof und stelle mir vor, wie Dante hier verweilte, über seine Worte nachdachte, vielleicht mit den Malaspina bei einem Glas Wein diskutierte.

Ein Dorf aus vergangenen Zeiten

Doch Fosdinovo ist mehr als nur seine Burg. Es ist ein Ort, an dem die Zeit stillzustehen scheint. Ich lasse mich durch die engen Gassen treiben, die von alten Steinhäusern gesäumt sind. Überall entdecke ich kleine Details: eine verwitterte Inschrift, eine geschnitzte Tür, ein Innenhof, in dem sich wilde Blumen ihren Weg durch die Pflastersteine bahnen.

Die Kirche San Remigio, die gleich in der Nähe der Burg liegt, ist ein weiteres Juwel. Ihr romanisches Portal und das ruhige Innere bieten einen Moment der Stille, bevor ich weiterziehe. Von der Piazza Garibaldi, dem kleinen Hauptplatz, handelt es sich um einen Punkt in der Altstadt, von dem aus man einen außergewöhnlichen und atemberaubenden Blick auf das Meer hat. Er ist sogar mit einem Teleskop ausgestattet. An einem klaren Tag kann man durchaus Korsika, Elba, Capraia und Gorgona sehen, die Inseln des Toskanischen Archipels.

An Markttagen verwandelt sich auch Fosdinovo, wie all die anderen Städte der Lunigiana, in eine kleine Schatztruhe voller Aromen und Düfte. Die Stände sind beladen mit lokalen Produkten:

- Lardo di Colonnata – der berühmte, in Marmorbecken gereifte Speck, der hier in der Region eine Delikatesse ist
- Honig aus der Lunigiana – besonders der Kastanienhonig, dunkel und aromatisch
- Wein aus Candia – ein Weißwein aus den Hügeln, der perfekt zu den lokalen Speisen passt
- Torte d'erbi – eine herzhafte Kräutertorte, die man warm oder kalt genießen kann

Ich kaufe mir Panigacci, eine rustikale, fladenartige Spezialität, die traditionell in Terrakottapfannen gebacken und mit Stracchino und Schinken serviert wird. Dazu bestelle ich ein Glas Vermentino, den leichten, fruchtigen Weißwein der Region.

Die Atmosphäre ist entspannt, Einheimische plaudern, Händler preisen ihre Waren an und ich genieße meinen Snack.

Die Legenden von Fosdinovo

Jede alte Burg hat ihre Geistergeschichten, die Burg von Fosdinovo bildet da keine Ausnahme.

Die berühmteste Legende ist die von Bianca Maria Malaspina, einer jungen Adligen, die sich in einen einfachen Bauern verliebte. Doch ihre Familie duldete die Verbindung nicht und ließ sie zur Strafe in einen kleinen Raum der Burg einmauern, zusammen mit einem Hund und einem Wildschwein, als Zeichen für ihre "ungezügelte" Liebe. Man sagt, dass ihr Geist noch heute durch die Burg wandert, manchmal als weißer Schatten in den Korridoren sichtbar. Ich bin skeptisch, aber als ich durch die kühlen, dunklen Gänge der Burg laufe, überkommt mich ein seltsames Gefühl, als ob die Mauern ihre eigenen Geheimnisse hätten, die sie nicht preisgeben wollen. Fosdinovo ist also nicht nur ein weiterer Ort – es ist eine Geschichte, ein Gedicht, ein lebendiges Märchen. Hier verweben sich Vergangenheit und Gegenwart, Legenden und Realität. Man kann die alten Mauern berühren, durch dieselben Gassen gehen, die Dante einst durchstreift haben könnte und dabei die Aromen und Klänge eines Dorfes genießen, das seinen mittelalterlichen Charme bewahrt hat. Ich starte den Motor, werfe noch einen letzten Blick auf die Burg, die sich wie eine Krone auf dem Hügel erhebt und weiß, dass Fosdinovo einer dieser Orte ist, an die man gerne zurückkehren wird.

Fosdinovo von oben

Fivizzano – Das Florenz der Lunigiana

Die Straße nach Fivizzano schlängelt sich wie alle Wege hier in der Lunigiana durch eine Bilderbuchlandschaft: sanfte Hügel, dichte Kastanienwälder, Olivenhaine und Weinberge, die sich scheinbar endlos bis zum Horizont erstrecken. In der Ferne ragen die schroffen Gipfel der Apuanischen Alpen in den Himmel – ein dramatischer Kontrast zur lieblichen Hügellandschaft.

Fivizzano wird oft als „das Florenz der Lunigiana" bezeichnet und sobald ich die Stadt erreiche, verstehe ich auch, warum. Meine Freund John „Giovanni" Toma hatte mir vor Jahren schon immer von Fivizzano erzählt. Er besuchte hier zum Ende der Fünfziger Jahre auf das Gymnasium. Dazu musste er jeden Tag von Ceparana mit dem Schulbus bis hierherfahren. Ganze 27 nervende Kilometer auf diesen kleinen, engen Straßen in einem Schulbus.

Die elegante Architektur, die gepflegten Plätze und die reiche Geschichte lassen keinen Zweifel daran, dass Fivizzano einst eine bedeutende und wohlhabende Stadt war.

Doch hinter den Fassaden steckt noch viel mehr: eine bewegte Vergangenheit, eine enge Verbindung zur Medici-Familie und ein kulturelles Erbe, das bis heute lebendig ist.

Fivizzano Piazza Medicea

Zeitreise in die Vergangenheit

Ich betrete Fivizzano durch eines der alten Stadttore und gelange auf die Piazza Medicea, das Herz der Stadt. Dieser wunderschöne Platz mit seinem eleganten Brunnen und den historischen Gebäuden ist der perfekte Ausgangspunkt, um das Städtchen zu erkunden.

Die Medici, die mächtigen Herrscher von Florenz, spielten eine große Rolle in der Geschichte von Fivizzano. Im 15. Jahrhundert wurde die Stadt Teil des Großherzogtums Toskana und die Medici verliehen ihr nicht nur wirtschaftlichen Wohlstand, sondern auch architektonische Schönheit.

Ein Beispiel dafür ist die Stadtmauer, die von Cosimo I. de'Medici im 16. Jahrhundert errichtet wurde, um die Stadt vor Angriffen zu schützen. Noch heute sind große Teile dieser imposanten Befestigung erhalten und erinnern daran, dass Fivizzano einst eine wichtige strategische Position innehatte.

Kulturelle Schätze

Mein erster Halt ist die Kirche San Giovanni Battista, die sich direkt an der Piazza befindet. Ihr schlichtes Äußeres täuscht. Im Inneren erwartet mich eine beeindruckende Mischung aus Renaissance- und Barockkunst, mit prachtvollen Altären und wertvollen Gemälden. Gleich daneben befindet sich das Museo della Stampa, ein kleines, aber faszinierendes Museum, das der Geschichte des Buchdrucks gewidmet ist. Was viele nicht wissen: Fivizzano spielte eine entscheidende Rolle in der Entwicklung des modernen Buchdrucks. Bereits im 15. Jahrhundert experimentierte der einheimische Gelehrte Jacopo da Fivizzano mit neuen Drucktechniken, noch bevor Gutenberg seine bahnbrechende Erfindung vollendete.

Ich blättere durch einige alte Manuskripte und spüre die Bedeutung dieses Ortes – ein Zentrum des Wissens und der Kultur in einer Zeit, als Bücher noch ein seltenes Gut waren.

Versteckte Juwelen und atemberaubende Natur

Nach meinem Rundgang durch die Stadt zieht es mich ins Umland, denn Fivizzano ist auch das Tor zu einigen der spektakulärsten Naturlandschaften der Lunigiana. Ein absolutes Highlight ist der Parco Regionale delle Alpi Apuane, ein Naturpark mit wilden Bergen, tiefen Tälern und spektakulären Panoramen. Hier gibt es zahlreiche Wanderwege, die zu versteckten Dörfern, alten Klöstern und geheimnisvollen Höhlen führen.

Besonders beeindruckend ist die Grotta del Vento, eine der schöns-ten Karsthöhlen Italiens, die nur eine etwas längere Autofahrt ent-fernt liegt. Ihr Name – „Höhle des Windes" – ist Programm: Sobald man die Höhle betritt, spürt man den kühlen Luftzug, der durch die unterirdischen Gänge fegt.

Hier lohnt es sich, eine geführte Tour zu machen und ein wenig sport-lich sein hilft auch.

Ebenfalls nicht weit von Fivizzano entfernt liegt das Dorf Verrucola, eine der besterhaltenen mittelalterlichen Siedlungen der Region. Die Burg von Verrucola, die sich prominent über das Dorf erhebt, wurde bereits im 11. Jahrhundert errichtet und war lange Zeit Sitz der mächtigen, allgegenwärtigen Adelsfamilie Malaspina.

Fortezza di Verrucola

Wie Phönix aus der Asche

Fivizzano hat nicht nur Kriege und Eroberungen überstanden, sondern auch die zerstörerische Kraft der Natur. Die Stadt liegt in einem seismisch sehr aktiven Gebiet und wurde mehrmals von Erdbeben erschüttert. Das schwerste im Jahr 1920, das große Teile der historischen Gebäude unwiederbringlich zerstörte.

Doch Fivizzano hat sich immer wieder neu erfunden. Heute ist es eine Stadt, die ihre Geschichte ehrt, aber auch voller Leben und Energie steckt. Sie vereint in sich Geschichte, Natur, Kultur und Kulinarik, mittelalterliche Mauern und lebendige Moderne. Sie ist Gefühl pur und einmal dort gewesen, wird man sie nie vergessen.

Filetto – Ein mittelalterlicher Diamant

Die Lunigiana ist voll von kleinen, versteckten Dörfern, die wie Zeit-kapseln wirken – doch Filetto in meiner unmittelbaren Nachbar-schaft ist etwas ganz Besonderes. Als ich die schmale Straße ent-langfahre, die mich Richtung Zentrum führt, habe ich das Gefühl, eine andere Welt zu betreten.

Filetto ist kein gewöhnliches Dorf. Sein perfekt erhaltenes mittelal-terliches Zentrum, umgeben von massiven Mauern, macht es zu ei-nem der faszinierendsten Orte der Region. Anders als andere Städte, die sich im Laufe der Jahrhunderte verändert haben, scheint Filetto seit Jahrhunderten unverändert geblieben zu sein.

Im August 2022 war es endlich so weit. Der Notartermin stand an, und ich zog mit Sack und Pack in die Lunigiana. Über das Internet hatte ich in der Nähe eine Unterkunft für ein paar Tage gesucht und eben hier im kleinen Örtchen Filetto entdeckt. Die Bed-Breakfast-Pension „Luna e Stelle" war ideal, mitten im malerischen Dorf gele-gen, nicht weit entfernt vom neuen Haus. Alles wurde über WhatsApp abgewickelt und per Videodatei wurde der Zugang zum Haus und zum Zimmer erklärt. Mittelalter trifft auf Moderne.

Wenn man in dieses kleine Städtchen kommt, spürt man sofort den Atem vergangener Zeiten. Man kann auch nicht mit dem Auto hinein-fahren; man muss, egal von wo man kommt, außerhalb parken. Le-diglich der Lieferverkehr, Krankenwagen und die Müllabfuhr können die elektrischen Poller nach unten fahren.

Durch das Pontremoli-Tor gelangt man schnell auf einen großen Platz. Hier ist nicht viel los. Nur eine kleine Bar an der Ecke, eine Apo-theke und eine Postfiliale, die meist geschlossen ist, wie man es in Italien gewohnt ist. Auf der Piazza laufen allerdings alle Fäden zu-sammen.

Die besondere Geschichte von Filetto

Filetto hat eine lange und bewegte Geschichte. Bereits im Mittelalter war es eine wichtige Wehr- und Handelsstadt, die strategisch an der Via Francigena lag – einer der bedeutendsten Pilgerrouten Europas. Durch seine Lage wurde Filetto von vielen Mächten begehrt: die Malaspina-Familie, die Florentiner, die Genuesen und später die Habsburger – sie alle wollten das Dorf kontrollieren. Im 14. Jahrhundert wurde Filetto von den Malaspina befestigt, und die imposanten Stadtmauern stammen noch aus dieser Zeit. Doch eine der faszinierendsten Geschichten des Dorfes ist mit einer besonderen Gemeinschaft verbunden: den Schwarzen Rittern des Johanniterordens.

Die schwarzen Ritter

Im Mittelalter befand sich in Filetto eine Kommende des Johanniterordens auch bekannt als Malteserritter. Diese Ritter waren nicht nur Krieger, sondern auch Beschützer der Pilger, die auf dem Weg nach Rom hier Rast machten. Die Schwarzen Ritter von Filetto spielten eine bedeutende Rolle beim Schutz der Handels- und Pilgerwege der Lunigiana. Noch heute gibt es Hinweise auf ihre Präsenz und einige Einheimische behaupten, dass ihre Geister in den dunklen Gassen des Dorfes zu sehen sind, besonders in nebligen Nächten. Manche Geschichten erzählen, dass Filetto ein geheimer Treffpunkt für den Ritterorden war – ein Ort, an dem Verschwörungen geschmiedet, Bündnisse geschlossen und geheime Rituale abgehalten wurden.

Ich betrete das alte Zentrum durch eines der vier Stadttore und fühle mich augenblicklich wie in eine andere Zeit versetzt. Die engen, verwinkelten Gassen sind von massiven Steinhäusern gesäumt, viele mit kunstvoll verzierten Bögen und antiken Türklopfern.

Ob Wahrheit oder Legende – die Atmosphäre des Dorfes lässt einen fast glauben, dass diese alten Krieger noch immer irgendwo in den Schatten lauern. In einer der Gassen habe ich dann doch bei einem abendlichen Spaziergang einen, wenngleich silbernen Ritter gefunden.

Der silberne Ritter

Piazza di Filetto

Ich gelange auf die Piazza di Filetto, das Herz des Dorfes. Der Platz ist umgeben von alten Palazzi, die einst reichen Händlern und Adligen gehörten. Besonders ins Auge fällt der Palazzo Belletti, eines der prächtigsten Gebäude des Dorfes, das noch heute seine mittelalterliche Eleganz bewahrt.

In einer Ecke entdecke ich einen kleinen Brunnen, der angeblich von den Rittern des Johanniterordens genutzt wurde. Sein Wasser soll heilende Kräfte haben. Ich tauche meine Hände hinein und spüre das kalte, klare Wasser auf meiner Haut.

Die Magie des Antiquitätenmarkts

Filetto ist heute nicht nur für seine Geschichte bekannt, sondern auch für seinen berühmten Antiquitätenmarkt, der jedes Jahr im Sommer stattfindet. An diesen Tagen verwandelt sich das kleine Dorf in ein lebendiges, buntes Freiluftmuseum. Händler aus ganz

Italien kommen hierher, um alte Bücher, Schmuck, Möbel, Kunstwerke und Kuriositäten zu verkaufen.

Ich schlendere durch die Stände und entdecke eine alte Karte der Lunigiana aus dem 17. Jahrhundert, eine wunderschöne bronzene Taschenuhr und ein paar antike Schlüssel. Vielleicht gehörten sie einst zu einer geheimen Kammer in einer der alten Burgen der Region?

Die Atmosphäre ist einzigartig: In den schmalen Gassen mischen sich der Klang alter Musik, der Geruch von gebratenem Lamm und Kastanienleckereien und das Lachen von Menschen, die in Erinnerungen schwelgen.

Ein letzter Blick

Bevor ich Filetto verlasse, mache ich noch einen Spaziergang außerhalb der Stadtmauern. Ich folge einem kleinen Weg, der mich in einen Kastanienwald führt. Und dann findet man außerhalb des Dorfes den wahren magischsten Ort: den Wald von Filetto, der als Ort alter ligurisch-apuanischer Rituale gilt (unter den Kastanienbäumen wurden nicht weniger als elf Stelenmenhire gefunden). Die alten Bäume spenden angenehmen Schatten. Und wenn man genau hinhört, kann man das Flüstern der Vergangenheit wahrnehmen.

Die Legende besagt, dass Dante Alighieri, der sich zwischen 1306 und 1307 in der Lunigiana aufhielt (er fand hier Zuflucht und war Gast der Familie Malaspina), sich vom Filetto-Wald zu seiner "selva oscura" (dem dunklen Wald) inspirieren ließ. Das kann man hier durchaus erahnen. Filetto ist also auch kein Ort, den man einfach nur so besucht. Ein Dorf voller Geheimnisse, Geschichte und zeitloser Schönheit.

Zehn besondere Sehenswürdigkeiten im näheren Umland

Nachfolgend habe ich euch einmal atemberaubende und besondere Sehenswürdigkeiten, immer ausgehend von Fosdinovo, aufge-
listet, die allemal einen Besuch oder Tagesausflug wert sind:

1. Orto Botanico delle Alpi Apuane "Pellegrini-Assaldi"
Lage: In den Apuanischen Alpen, ca. 20 km von Fosdinovo entfernt
Warum besuchen?
Dieser wunderschöne botanische Garten liegt hoch in den Bergen
und ist ein wahres Paradies für Naturliebhaber. Er beherbergt über
500 Pflanzenarten, viele davon endemisch für die Apuanischen Al-
pen. Von hier aus hat man auch eine fantastische Aussicht auf die
Küste und die Berge.

Ausblick zum Meer

2. Das Dorf Caniparola

Lage: Nur 5 km von Fosdinovo entfernt

Warum besuchen?

Caniparola ist ein charmantes kleines Dorf, das für seine Villa Malaspina bekannt ist, eine elegante Residenz der berühmten Adelsfamilie. Das Dorf liegt inmitten von Weinbergen und Olivenhainen, ganz perfekt für eine kleine Pause mit einem Glas Vermentino!

Villa Malaspina

3. Die Grotte von Equi Terme

Lage: Ca. 30 km nordwestlich von Fosdinovo

Warum besuchen?

Ein beeindruckendes Höhlensystem, das aus tiefen Schluchten, unterirdischen Flüssen und Tropfsteinhöhlen besteht. Hier wurden auch prähistorische Funde gemacht – unter anderem Fossilien von Höhlenbären! Wer Abenteuer liebt, kann sich auf Höhlenexpeditionen begeben oder im nahen Naturpark wandern.

Badeteiche von Equi Terme

4. Das Marmortal von Carrara

Lage: Etwa 25 km westlich von Fosdinovo

Warum besuchen?

Die berühmten Marmorbrüche von Carrara, aus denen schon Michelangelo seinen Marmor für die David-Statue bezog, sind ein absolutes Highlight. Besucher können die gewaltigen Steinbrüche besichtigen, in denen seit der Römerzeit der edle weiße Marmor abgebaut wird. Es gibt sogar geführte Jeep-Touren! Aber auf alle Fälle müsst ihr das vorab reservieren und gutes Schuhwerk mitbringen. Mit Flip-Flops nimmt euch keiner mit auf die ca. 1-stündige Tour.

Marmorsteinbruch über Carrara

5. Sarzana

Lage: 12 km von Fosdinovo entfernt

Warum besuchen?

Sarzana ist eine wunderschöne kleine Stadt mit einer reichen Geschichte. Hier gibt es beeindruckende Festungen wie die Fortezza Firmafede und die Fortezza di Sarzanello, enge Altstadtgassen mit Cafés und Boutiquen sowie einen der schönsten Antiquitätenmärkte der Region. Hier kann man schon einmal ein besonderes Schnäppchen machen. Wie unter anderem Bilder meines Bekannten Gianni Framarin, der die Lungiana in klassischem Stil festhält.

Ausstellung von Gianni Framarin

6. Der Montemarcello-Naturpark

Lage: Ca. 25 km südlich von Fosdinovo

Warum besuchen?

Dieser atemberaubende Naturpark erstreckt sich entlang der ligurischen Küste und bietet spektakuläre Ausblicke auf das Tyrrhenische Meer. Hier gibt es wunderschöne Wanderwege durch duftende Pinienwälder, mediterrane Macchia und wilde Klippenlandschaften. Perfekt für einen Tagesausflug mit ausgedehntem Picknick!

Ausblick zum Meer

7. Der Fluss Magra und seine Täler

Lage: Direkt unterhalb von Fosdinovo

Warum besuchen?

Der Fluss Magra durchzieht das gesamte Tal und bietet viele Möglichkeiten für Kajak- oder Kanufahrten sowie idyllische Plätze zum Entspannen. Besonders reizvoll sind die kleinen Fischerdörfer entlang des Ufers, wo man frische Forellen und andere Flussdelikatessen probieren kann.

Der Magra

8. Castelnuovo Magra, Dorf des Weins

Lage: 10 km südwestlich von Fosdinovo

Warum besuchen?

Castelnuovo Magra ist bekannt für seine Weinproduktion, insbesondere für den feinen Vermentino delle Colline di Luni. Es gibt zahlreiche Weingüter, die Verkostungen anbieten, sowie eine gut erhaltene mittelalterliche Burg mit spektakulärer Aussicht auf das Meer und die Berge.

Castelnuovo Magra Weinanbau

9. San Terenzo und Lerici und die Bucht der Dichter

Lage: 20 km südwestlich von Fosdinovo

Warum besuchen?

San Terenzo und Lerici sind zwei der schönsten Küstenstädte der Region, mit einer imposanten Burg, bunten Häusern und einem traumhaften Blick auf das Mittelmeer. Die Gegend ist als "Golfo dei Poeti" (Bucht der Dichter) bekannt, weil hier berühmte englische Schriftsteller wie Lord Byron und Percy Shelley lebten. Perfekt für einen Abstecher ans und ins Meer! Dazu schreibe ich Euch aber gleich noch ein eigenes Kapitel.

San Terenzo Promenade

10. Die Strände von Bocca di Magra und Fiumaretta

Lage: Ca. 18 km südlich von Fosdinovo

Warum besuchen?

Wer nach all den historischen und kulturellen Erlebnissen etwas Entspannung sucht, sollte einen Abstecher zu den Stränden von Bocca di Magra und Fiumaretta machen. Die Strände sind ruhig, familienfreundlich und bieten einen atemberaubenden Blick auf die Apuanischen Alpen – eine einmalige Kulisse!

Bocca di Magra

Sag mal ehrlich, welches dieser Ausflugsziele klingt für dich am spannendsten?

Ein Tagesausflug ans Meer – San Terenzo & Ein Abend in Lerici

Es gibt Tage, an denen die Hügel der Lunigiana, so wunderschön sie auch sind, einfach nicht genug sind. Tage, an denen die Sehnsucht nach Salz in der Luft, nach dem Geräusch der Wellen und nach einem Abendessen direkt am Meer einfach zu groß wird. Zum Glück ist das Mittelmeer von Villafranca aus nur eine knappe Dreiviertelstunde entfernt – und es gibt kaum eine bessere Kombination für einen Tagesausflug als San Terenzo und Lerici.

Der Charme eines vergessenen Fischerdorfs

Man startet früh am Morgen, während die Lunigiana wie immer noch in sanftem Nebel liegt. Die Fahrt auf der SS 62 durch das Tal der Magra, vorbei an Aulla und Sarzana, führt einen direkt an die ligurische Küste. Und plötzlich ist es da: das erste Glitzern des Meeres.

San Terenzo, ein kleines Dorf, nur wenige Gehminuten von Lerici entfernt, ist ein erster Stopp. Im Gegensatz zu seinem berühmten Nachbarn ist San Terenzo entspannter, ruhiger, fast verschlafen.

Man parkt einfach etwas oberhalb im Ort und schlendert durch die engen pastellfarbenen Gassen, in denen die Wäsche zwischen den Häusern flattert und der Duft von frischem Espresso aus den kleinen Bars dringt. Hier ist Ligurien noch ursprünglich. Keine luxuriösen Yachten, keine Touristenmassen – nur alte Fischerboote, Einheimische, die sich auf der Piazza unterhalten und eine leichte Brise, die durch die Palmen weht. Die Spiaggia di San Terenzo, der kleine Sandstrand, ist perfekt für eine Pause. Keine Liegestühle, keine großen Resorts, nur das klare Wasser der Bucht, das in allen Blau- und Türkistönen leuchtet. Man kann sich einfach in den warmen Sand sinken lassen, die salzige Luft atmen und die Stille genießen.

Ganz in der Nähe thront das Castello di San Terenzo, eine alte Festung direkt über dem Meer. Ich steige die paar Stufen hinauf und werde mit einem atemberaubenden Blick über den Golf der Dichter belohnt – eine Aussicht, die schon Schriftsteller wie Lord Byron und Percy Shelley inspiriert hat.

Castello di San Terenzo

Andiamo a Lerici

Am frühen Nachmittag empfiehlt es sich, die Panoramapromenade nach Lerici zu nehmen. Der Weg verläuft direkt entlang der Küste, vorbei an kleinen Buchten, Pinienhainen und Villen mit Blick auf das Meer.

Nach 20 Minuten taucht dann Lerici vor einem auf – malerisch, lebendig, voller italienischer Eleganz. Die pastellfarbenen Häuser drängen sich um den Hafen, darüber präsentiert sich erhaben die Festung von Lerici und auf den Terrassen der Restaurants klirren die Gläser. Hier ist es lauter, quirliger, geschäftiger als in San Terenzo, aber genau das macht den Reiz aus.

Man lässt sich einfach durch die engen Gassen treiben, vorbei an kleinen Boutiquen, alten Buchläden und Bars, in denen ältere Männer Karten spielen. In einer der Gelaterien sollte man sich ein Eis gönnen: Straciatella und Pistazie, cremig, intensiv und genau so, wie es sein sollte.

Der Hafen ist das Zentrum des Lebens in Lerici. Boote schaukeln sanft auf den Wellen, Möwen kreisen über den Masten und die Fischer reparieren ihre Netze, um am nächsten Morgen sehr früh wieder auf das Meer rausfahren zu können. Es ist der perfekte Ort, um den Abend mit einem Aperol Spritz in einer der kleinen lebhaften Bars einzuleiten.

Essen mit Blick auf das Meer

Für das Abendessen empfehle ich einen Tisch im „Jeri" zu reservieren, einem der bekanntesten Restaurants in Lerici, direkt am malerischen Hafen gelegen. Das Lokal ist modern, aber gemütlich, mit großen Fenstern, die den Blick auf das Meer und die untergehende Sonne freigeben. Die Atmosphäre ist typisch italienisch – laut, lebendig, voller Lachen und Gläserklirren.

Eine Flasche Vermentino Colli di Luni, der perfekte Weißwein für diesen Abend und zur Begleitung des mediterranen Abendmahls, frisch und mineralisch mit einer leichten Meeresbrise im Geschmack. Dann kommt das Essen – und es ist einfach himmlisch.

Was isst man im „Jeri"?

Antipasti di mare – eine Auswahl an marinierten Sardellen, Oktopus-Carpaccio, eingelegten Venusmuscheln und rohem Thunfisch, alles so frisch, dass man das Meer auf der Zunge schmeckt.

- Tagliolini ai frutti di mare – hausgemachte Pasta mit Miesmuscheln, Garnelen und Tintenfisch in einer leichten Weißweinsoße, die einfach perfekt ist.
- Orata al forno – eine im Ofen gebackene Dorade mit Zitrone, Oliven und frischen Kräutern, außen knusprig, innen butterweich.
- Panna cotta al limone – als krönender Abschluss eine Zitronen-Panna-cotta, die mit ihrer Mischung aus Süß und leicht Säuerlich den perfekten Sommergeschmack einfängt

Jeder Bissen schmeckt nach Urlaub, nach Meer, nach Italien. Während man den letzten Schluck Wein nimmt, taucht die Sonne langsam ins Wasser und färbt den Himmel in warme Gold- und Orangetöne. Es gibt wenige Orte, an denen man sich so wohl und lebendig fühlt wie hier.

Sonnenuntergang am Hafen von Lerici

Mit dem Meer im Herzen zurück nach Villafranca

Spät am Abend tritt man dann wohlgenährt und tiefenentspannt die Rückfahrt die Berge hinauf an. Die Straßen schlängeln sich durch die dunklen Hügel der Lunigiana und mit jeder Kurve entfernt man sich etwas weiter vom Meer – doch der Geschmack von Salz auf den Lippen, der atemberaubende Sonnenuntergang, das Rauschen der Wellen und die Erinnerung an diesen perfekten Tag begleiten einen nach Hause.

Villafranca ist meine neue Heimat, doch an Tagen wie diesen ist es beruhigend und schön zu wissen, dass das Meer ganz in der Nähe ist. Und dass ein perfektes Abendessen gemeinsam mit Freunden in Lerici nur eine kurze Fahrt entfernt liegt.

China Clementi – Der bittere Schatz der Lunigiana

Wenn man durch die malerischen Dörfer der Lunigiana reist, entdeckt man nicht nur historische Burgen, mittelalterliche Gassen und atemberaubende Natur, sondern auch geheime kulinarische Schätze. Einer davon ist der berühmte China Clementi, ein Kräuterbitter, der seinen Ursprung in der Apotheke von Fivizzano hat und seit über einem Jahrhundert die Menschen fasziniert.

Die Geschichte dieses einzigartigen Likörs beginnt in Fivizzano, einem charmanten Städtchen in der Lunigiana, das als Florenz der Lunigiana bezeichnet wird. Im Jahre 1884 eröffnete Giuseppe Clementi, ein Apotheker mit einer Leidenschaft für Kräuterheilkunde, seine kleine Officina Farmaceutica. Wie viele Apotheker jener Zeit experimentierte er mit Heilkräutern, um Tinkturen, Elixiere und Arzneien für seine Kunden zu kreieren. Doch Clementi wollte mehr als nur Medizin herstellen: er wollte etwas schaffen, das nicht nur gesundheitsfördernd, sondern auch angenehm zu trinken war. Seine Inspiration? Die Chinarinde (Cinchona), eine Pflanze mit bitteren Eigenschaften, die traditionell gegen Fieber und Verdauungsbeschwerden eingesetzt wurde.

Nach vielen Experimenten entwickelte er eine ganz besondere Mischung:

eine Basis aus Chinarinde, die dem Likör seinen bitteren Grundton verleiht, und eine geheime Kombination aus Kräutern, Wurzeln und Gewürzen, die für das aromatische Bouquet sorgen. Dazu nutzte er gezielt eine sorgfältige Mazeration und Reifung, um die perfekte Balance zwischen Bitterkeit und Süße zu finden.

So entstand China Clementi, ein Kräuterbitter mit intensivem, aber dennoch harmonischem Geschmack, der ursprünglich als Verdauungshilfe und Stärkungsmittel diente.

Der Aufstieg zur lokalen Legende

Mit der Zeit wurde China Clementi immer beliebter. Nicht nur die Einheimischen in Fivizzano schworen auf die wohltuende Wirkung dieses besonderen Likörs, auch Reisende oder Pilger, die die Lunigiana über die Via Francigena durchquerten, nahmen ihn als Souvenir und Heilmittel mit.

Bald wurde die Produktion erweitert und China Clementi entwickelte sich zu einer der bekanntesten Spezialitäten der Lunigiana und darüber hinaus.

Während des 20. Jahrhunderts blieb die Rezeptur streng geheim und der Likör wurde weiterhin in der ursprünglichen Clementi-Apotheke hergestellt. Noch heute produziert die Familie Clementi den Likör nach traditioneller Methode, wobei auf künstliche Aromen oder moderne Veränderungen ganz bewusst verzichtet wird.

China Clementi ist ein kräftiger, würziger Bitterlikör mit einer tiefen Bernsteinfarbe und komplexen Aromen. Beim ersten Schluck spürt man sofort die prägnante Bitterkeit der Chinarinde, gefolgt von warmen, würzigen Noten – oft erkennt man Orangenschalen, Zimt, Nelken, Enzian und Rhabarber, aber die genaue Rezeptur bleibt ein wohlgehütetes Geheimnis.

Die Mischung reift für zwei Jahre in besonderen Holzfässern. Diese Lagerung bestimmt dann den kräftigen, intensiven und langanhaltenden Geschmack sowie die bernsteinfarbene Erscheinung des Elixiers. Wie trinkt man nun China Clementi?

- Pur oder auf Eis – als klassischer Digestif nach dem Essen
- Mit Tonic Water oder Soda – als erfrischender, leicht bitterer Aperitif
- In Cocktails – oft als toskanische Alternative zu Amaro oder Wermut

Ein Stück Lunigiana in jeder Flasche

Trotz der modernen Welt und industrieller Produktion hat China Clementi seine Authentizität bewahrt. Die Familie Clementi produziert den Likör noch immer in Fivizzano, mit größter Sorgfalt und nach überlieferten Methoden.

Wer die Lunigiana besucht, sollte sich eine Flasche dieses Elixirs nicht entgehen lassen, sei es als Erinnerung an die Region, als Genuss nach einem üppigen lunigianischen Essen oder einfach als kleines Stückchen Geschichte in einem Glas. Ein Schluck davon und man schmeckt die Tradition der Lunigiana.

Na, hast du Lust bekommen, ihn mal zu probieren?

Markttreiben – Das bunte Herz der Lunigiana

Was soll ich sagen? Ich liebe Märkte. Es gibt für mich kaum etwas Schöneres, als durch die Gassen mit Ständen zu schlendern, mich von den Farben, Düften und Geräuschen inspirieren zu lassen und die Geschmacksschätze der Region zu entdecken. Die Vielfalt der frischen lokalen Produkte ist einfach überwältigend: knackiges Gemüse, süße Feigen, duftende Kräuter, handgemachte Käsesorten und luftgetrocknete Salami, Köstlichkeiten, deren Aromen schon von Weitem in die Nase steigen. Und das Beste?
Man darf fast überall kosten. Und hier wird nicht einfach nur eingekauft – es wird probiert, geplaudert, verglichen und gelacht.
In der Lunigiana gehört der Markt noch immer zum Alltag. Jedes Dorf, jede kleine Stadt hat seinen eigenen Markttag, Manchmal ist es eine große, überdachte Markthalle, manchmal sind es nur ein paar Stände auf einem Parkplatz oder entlang der Hauptstraße. Doch egal, wie groß oder klein: Die Märkte sind das Herzstück des dörflichen Lebens.

Ein lebendiges Ritual

Fast jede Stadt in der Lunigiana hat mindestens einen Platz, auf dem einmal pro Woche ein Mercato settimanale, ein Wochenmarkt, stattfindet. Schon in den ersten Wochen hier war mir klar, dass ich den Überblick behalten musste und so hing bald eine große Schieferplatte in der Küche, auf der ich die Markttage aller umliegenden Orte notierte.
Heute brauche ich diese Liste nicht mehr, ich kenne sie längst auswendig.
Auf den Märkten gibt es fast alles, was das Herz begehrt:
* Frisches Gemüse und Obst, je nach Saison, von saftigen Aprikosen im Sommer bis zu aromatischen Maronen im Herbst

- Wurstwaren und Käse, von würziger Finocchiona bis hin zu cremigem Pecorino
- Frisches Brot und Focaccia, die duftend aus den Bäckerkisten ragen
- Haushaltswaren, Kleidung, Schuhe und sogar Pflanzen für den Garten
- Und nicht zu vergessen: Schnittblumen, Stoffe und Spielzeug

Hier findet jeder etwas. Doch die Einheimischen kommen nicht nur zum Einkaufen. Ein Markt ist auch ein sozialer Treffpunkt. Man plaudert, tauscht Neuigkeiten aus, bleibt auf einen schnellen Espresso mit der Nachbarin im Café nebenan stehen. Hier wird nicht nur gehandelt, hier wird gelebt.

Street Food auf italienisch
Was wäre ein Italienischer Markt ohne die kleinen Essensstände, an denen man schnell, köstlich und unkompliziert speisen kann?
Auf fast jedem Markt gibt es die Möglichkeit, ein herzhaftes Panino mit Porchetta zu ergattern – das knusprig geröstete, würzig gefüllte Spanferkel ist einfach ein Genuss. Alternativ gibt es oft Mortadella-Sandwiches, würzige Salsiccia oder sogar frittierte Meeresfrüchte – gutes Essen zum fairen Preis.

Street Food Stand

Ich habe es mir längst angewöhnt, meine Markttage mit einem kleinen Snack ausklingen zu lassen. Denn eines ist sicher: Frisch eingekauft schmeckt's am besten, aber ein Marktbesuch ohne eine kleine
Stärkung wäre ja auch nur die halbe Freude.

Früh aufstehen lohnt sich, denn eines sollte man wissen: Märkte in
der Lunigiana beginnen früh und enden früh. Die Stände öffnen oft
schon gegen sieben Uhr morgens und schließen meist gegen Mittag.
Wer also die besten Produkte ergattern möchte, sollte sich nicht
allzu viel Zeit lassen. Früher war es noch extremer: Kinta Beevor
schrieb in ihrem Buch über ihre Kindheit in der Lunigiana, dass sich
ihre Hausmädchen schon um fünf Uhr morgens auf den Weg zum
Markt machten, denn wer als Erster da war, bekam ja auch immer
die beste Ware.

Heute geht man es etwas entspannter an, aber 8 Uhr ist trotzdem
ein Muss und eine gute Zeit, um sich unter die ersten Marktbesucher
zu mischen.

Mein Lieblingsmarkt: Der Mercato settimanale von Pontremoli

Jeder Markt hat seinen eigenen Charme, doch wenn ich einen besonders hervorheben müsste, dann wäre es genau dieser

Wochenmarkt. Jeden Samstagvormittag verwandelt sich die Stadt in ein quirliges Paradies aus Farben, Gerüchen und Stimmen.

Hier gibt es nicht nur die größte Auswahl an frischen Lebensmitteln, sondern auch eine beeindruckende Mischung aus regionalen Produkten, Kleidung, Haushaltswaren und Antiquitäten. Die Händler sind laut, fröhlich und voller Energie, ein typisch italienischer Markt eben.

Wo findet man jetzt eigentlich die Märkte?

Ganz einfach: vor Ort nachfragen! Die Einheimischen wissen genau, wann und wo der nächste Markt stattfindet. Alternativ hilft eine schnelle Google-Suche mit „Mercato settimanale" + Ortsname – oder man verlässt sich einfach auf die Erfahrung: Nach ein paar Wochen in der Lunigiana weiß man instinktiv, an welchem Tag es wohin geht.

Ein Stück Italien, das nie verschwindet

Markttage sind für mich mittlerweile ein fester Bestandteil meines Lebens in der Lunigiana. Es geht nicht nur ums Einkaufen, es ist ein Ritual, eine Art, die Region und ihre Menschen kennenzulernen, sich treiben zu lassen und die kleinen Freuden des Alltags zu genießen.

Wenn du das echte Italien erleben willst, dann geh auf einen Markt. Beobachte und rede mit den Menschen, koste die Produkte, nimm den Duft von frischem Brot in dir auf und gönn dir ein Panino mit Porchetta oder ein Foccacia mit Stracchino. Denn hier, zwischen all den Ständen und unter der aufgehenden Morgensonne, liegt das wahre Herz der Lunigiana.

Was meinst du, könntest du früh genug aufstehen, um das nicht zu verpassen?

Inspiration – Eine Hommage an Paolo Lazzerini

Einer der Gründe, warum ich diese Ecke Italiens so sehr schätze, ist die unglaubliche Dichte an Künstlern: Maler, Bildhauer, Schriftsteller, Musiker. Die Lunigiana und ihre Umgebung scheinen seit jeher eine besondere Anziehungskraft auf kreative Seelen auszuüben. Auch mein lieber Nachbar Rudl Gramberger gehört dazu. Wir werden es sicher noch hinbekommen, gemeinsam eine Ausstellung unserer Zeichnungen zu organisieren.

Vielleicht liegt es an der rauen Schönheit der Landschaft, dem sanften Licht, das sich über die Hügel legt, oder an der besonderen Geschichte, die hier in jeder Gasse förmlich spürbar ist.

Auch mich begleitet die Kunst seit meiner Kindheit. Schon früh begann ich mit Musik und Malerei, stets unterstützt von meiner Großmutter. Sie brachte mir das Klavierspielen bei, bestärkte mich, obwohl meine Eltern wenig Verständnis für meine künstlerischen Leidenschaften hatten. „Brotlose Kunst, damit wirst du nie Geld verdienen": Dieser Satz hallt bis heute in mir nach. Doch inzwischen berührt er mich nicht mehr, jedenfalls nicht so, wie er es damals tat, als er mich blockierte, mich zweifeln ließ.

Mittlerweile weiß ich: Für mich ist Kunst nicht bloß ein Zeitvertreib, sondern ein tiefes Bedürfnis und Entspannung. Sie ist mein Ausdrucksmittel, eine Möglichkeit, Vergangenheit, Emotionen und Erlebnisse für mich greifbar zu machen. Und manchmal führt einen so der Zufall genau zu dem, was einen inspiriert. So bin ich irgendwann in Lucca auf Paolo Lazzerini gestoßen – ein Künstler, dessen Werke mich tief berührt haben. Sein Zugang zur Kunst, seine Art, Licht, Formen und Stimmungen einzufangen, empfinde ich als spektakulär.

Paolo Lazzerini wurde in Seravezza, nahe Pietrasanta geboren, er und ich sind fast gleichen Alters, eine Gegend, die selbst wie ein lebendiges Kunstwerk wirkt. Er studierte am Liceo Artistico in Carrara und schloss mit einem Master-of-Arts-Diplom ab. Anschließend vertiefte er seine Ausbildung an der Accademia di Belle Arti in Carrara, wo er sich vier Jahre lang intensiv der Malerei widmete.

Schon in seinen frühen Jahren fiel er auf. Seine Werke erregten Aufmerksamkeit, er gewann Preise, zog Kritiker und Kunstliebhaber in seinen Bann. In den 1970er- und 1980er-Jahren stellte er in renommierten Galerien und Kunstzentren aus, unter anderem in Forte dei Marmi, Turin und Rom, wo seine Werke sogar an der Accademia di Santa Cecilia zu sehen waren.

Seit den 1990er-Jahren hat sich sein künstlerischer Einfluss weit über Italien hinaus ausgedehnt. Deutschland wurde zu einer zweiten Bühne für seine Kunst, mit Einzel- und Gruppenausstellungen in verschiedenen Galerien. Auch heute noch sind seine Werke weltweit in Kunstgalerien und Privatsammlungen zu finden. Obwohl er auch im grafischen Bereich tätig ist, blieb er der Malerei immer treu.

Seine Technik entwickelte sich mit der Zeit weiter und doch bleibt eines konstant: seine Fähigkeit, große und kleine Emotionen durch Farbe, Licht und surreale Landschaften zu vermitteln.

Das Markenzeichen des Paolo Lazzerini

Das, was Lazzerinis Kunst für mich so faszinierend macht, ist seine außergewöhnliche Lichtführung und sein Gespür für Atmosphäre. Seine Landschaften wirken fast träumerisch, wie Erinnerungen an eine Welt, die irgendwo zwischen Realität und Fantasie schwebt.

Er malt die toskanische Landschaft nicht, wie sie ist, sondern wie sie sich anfühlt. Seine Bilder sind voller Farbkontraste, mit leuchtenden, oft fast gläsern wirkenden Tönen. Das Spiel aus Licht und Schatten, die surreale Tiefe und die märchenhafte Stimmung seiner Werke verleihen seinen Bildern eine fast meditative Wirkung.

Seit 2016 sind seine Werke dauerhaft in der Blue Tree Gallery in York ausgestellt – ein weiterer Beweis für die internationale Bedeutung seines Schaffens.

Meine Hommage an einen besonderen Künstler

Kunst hat die Kraft, Menschen zu verbinden, Emotionen zu wecken und uns in eine andere Welt zu entführen. Paolo Lazzerini gelingt es auf einzigartige Weise, die Magie der Toskana, das Spiel des Lichts und die Sehnsucht nach unberührten Landschaften in seinen Werken einzufangen.

Für mich ist er ein Künstler, der mich inspiriert, nicht nur durch seine Technik, sondern durch das, was hinter seinen Bildern steckt: ein tiefes Verständnis für die Seele eines Ortes, für die Poesie der Natur, für das Unsichtbare, das in jedem von uns ruht.

Manche Kunstwerke sieht man sich an – und andere spürt man.
Lazzerinis Werke gehören meiner Meinung nach definitiv zur zweiten
Kategorie. Lasst euch doch auch von seinen Werken inspirieren.
Ihr findet in in Pietrasanta, ...

Solo buon cibo e cameriere carine

Wenn es einen Leitspruch gibt, der die Lokale, Trattorien und Risto-
ranti der Lunigiana auf den Punkt bringt, dann ist es wohl dieser:
„Wir haben einfach gutes Essen und nette Bedienungen."
Denn genau darum geht es hier: Essen ist keine bloße Notwendig-
keit, sondern ein Ritual, eine Kunstform, ein Ausdruck von Kultur und
Leidenschaft. Essen ist hier keine Nebensache – es ist das Leben
selbst. Die Menschen in dieser Region sind bodenständig und tradi-
tionsbewusst, doch wenn es um Essen und Trinken geht, kennen sie
keine Kompromisse. Während anderswo Geld für Mode, Technik
oder Luxusgüter ausgegeben wird, investieren die Lunigianesi lieber
in das, was wirklich zählt:

- Beste Küche – hausgemachte Gerichte, die mit Hingabe zubereitet werden
- Beste Weine – lokal, charaktervoll und mit Geschichte
- Beste Zutaten – alles frisch, saisonal und möglichst aus der
  eigenen Region

Deshalb sind die Restaurants hier fast immer ausgebucht. Ob
Dienstag oder Samstag, ob kleines Dorf oder größere Stadt – wer
spontan kommt, geht oft hungrig nach Hause.

Wartezeit? Kein Problem – solange man weiß, wie es läuft
Wer zwischen 15 Uhr und 19.30 Uhr hungrig ist, hat ein Problem.
Denn dann sind die guten Restaurants in ihrer Nachmittagsruhe.
Das bedeutet: keine Küche, keine Panini, keine halben Sachen.
Wer um diese Uhrzeit auf der Suche nach einem guten Essen ist, be-
kommt nur zwei Dinge:

- Ein Espresso, der dich wachhält, aber nicht satt macht
- Ein freundliches, aber bestimmtes „Ci vediamo stasera!" (Wir sehen uns heute Abend!) vom Wirt

Denn hier gilt: Essen ist ein Genuss, keine schnelle Angelegenheit. Die Zeit dazwischen gehört der Vorbereitung – dem Kneten des frischen Pastateigs, dem langsamen Schmoren einer perfekten Soße, dem genauen Abstimmen der Gewürze. Das hat nichts mit Bequemlichkeit zu tun, sondern mit Respekt gegenüber den Zutaten, den Gästen und dem Moment.

Es kann losgehen!

Wenn es dann endlich so weit ist und sich ab 19.30 Uhr die Türen öffnen, füllt sich nicht nur der Raum, sondern auch die Luft. Ein Restaurant in dieser Gegend ist niemals still.

- Gläser klirren, Teller werden aufgetragen
- Kellner rufen sich Bestellungen über die Köpfe der Gäste hinweg zu
- Eine Großfamilie debattiert lautstark darüber, welcher Wein besser zu den Tagliolini passt
- Zwei ältere Herren gestikulieren wild über ein Serie-A-Spiel, welches gerade live auf einem der Fernseher läuft
- Ein Paar flüstert sich verliebt über eine dampfende Pizza hinweg etwas zu

Es ist ein einziges Flirren aus Stimmen, Lachen, Besteckklirren, dem Ploppen von Weinflaschen und dem sanften Rauschen der Espressomaschine. Und während du noch auf dein Essen wartest, spürst du: Hier geht es nicht nur ums Essen, hier geht es um Gemeinschaft, um Emotionen, um das pure Leben.

Reservieren? Unbedingt! Egal, ob kleines Familienlokal oder angesagtes Ristorante – ohne Reservierung wird es schwierig.

Denn während in anderen Ländern oft viel Wert auf eine möglichst große Auswahl an Restaurants gelegt wird, gilt hier: Besser wenige, aber perfekte Lokale – und die sind dann eben immer voll. Die Einheimischen wissen das. Und ich mittlerweile auch. Sie haben ihre Lieblingsplätze, ihre Stammgerichte, ihre bevorzugten Tische. Und wer spontan auftaucht, bekommt meist nur ein bedauerndes Lächeln und ein „Mi dispiace, siamo al completo." Es tut mir leid, wir sind ausgebucht.

Deshalb: Ruf vorher an. Sei vorbereitet. Und wenn du einmal einen Tisch bekommen hast, genieße es mit der gleichen Hingabe, mit der hier gekocht wird. Denn in der Lunigiana gilt:

Ein gutes Essen ist kein Zufall, es ist eine Frage der richtigen Einstellung.

Pizzen im L'Antica Pieve

Lunisiana Soul – Die Heimat von Zucchero

Kennst du die Songs „Senza una Donna", „Diamante" oder „Il Volo"? Ja, genau – das sind einige der bekanntesten Hits von Adelmo Fornaciari, besser bekannt als Zucchero. Ein Künstler, der mit seiner Musik die Welt erobert hat, doch am Ende eine Heimat suchte – und sie hier in der Lunigiana fand.

Von den Charts in die Einsamkeit der Natur

Es gab eine Zeit, in der Zucchero auf dem Höhepunkt seines Erfolges stand. Seine Alben verkauften sich millionenfach, er spielte in ausverkauften Stadien, teilte die Bühne mit Eric Clapton, Sting, Pavarotti und Miles Davis. Doch tief in seinem Inneren war er ausgebrannt. Der Ruhm brachte ihm nicht die Erfüllung, die er sich erhofft hatte. Sein Herz war gebrochen, doch seine Seele noch nicht leer. Er sehnte sich nach einem Ort, an dem er zur Ruhe kommen konnte, weit weg vom Trubel der Musikindustrie, nahe an der Natur, nahe an seinen Wurzeln.

Und so begann er zu suchen. Er durchstreifte die Landschaften der Toskana, wanderte durch die Hügel des Apennins – bis er vor etwa 25 Jahren in einem kleinen Dorf in der Nähe von Pontremoli auf einen besonderen Ort stieß: Casa Corvi.

Ein Rückzugsort mit Seele

Casa Corvi wurde sein Refugium, sein Schutzraum, sein Neuanfang. Er nannte sein Anwesen Lunisiana, ein Wortspiel aus Lunigiana und Louisiana, inspiriert von seiner tiefen Liebe zum Blues und zur Soulmusik, aber auch von der unberührten Landschaft, die ihn an die weiten Ebenen des amerikanischen Südens erinnerte.

In Interviews sprach Zucchero oft darüber, wie die Lunigiana ihn heilte, wie er hier in der Natur eine Verbindung wiederfand, die er in den hektischen Jahren seiner Karriere verloren hatte.

Doch Casa Corvi wurde für ihn mehr als nur ein Rückzugsort. Er verwandelte seinen Wohnsitz in einen kleinen, autarken Bauernhof und legte Weinberge an, die heute einige der besten Trauben der Region liefern. Er umgab sich mit Tieren, die auf dem Geländer frei herumlaufen können. Und er ließ Obst- und Gemüsegärten anlegen, echte, einfache Lebensmittel, wie er sie aus seiner Kindheit kannte. Hier, in den Hügeln der Lunigiana, fand er seinen Frieden, seine Balance zwischen Leben, Musik und Natur.

.

Die Verbundenheit mit der Region – Zucchero als Winzer

Seine Liebe zur Lunigiana zeigt sich nicht nur in seinem Rückzug in die Natur, sondern auch in seiner Zusammenarbeit mit dem Weingut Cantina Lunae in Luni. Hier entstand sein eigener Rotwein: der "Zucchero Sugar Fornaciari IGT, Vintage 2019". Dieser Merlot aus der Lunigiana und Ligurien wurde 2021 mit beeindruckenden 88 Falstaff-Punkten bewertet – ein Beweis dafür, dass sein Name nicht nur in der Musik, sondern auch in der Weinkunst Gewicht hat.

Ich habe immer mindestens zwei Kartons davon im Haus. Nicht nur, weil der Wein fantastisch ist, sondern auch, weil er eine Geschichte erzählt: die Geschichte eines Mannes, der sich selbst in dieser Region wiedergefunden hat.

Und wer ihn persönlich treffen möchte? Mit etwas Glück sieht man ihn auf der Piazza della Repubblica in Pontremoli, wo er es sich gerne in einem der schönen Cafés gemütlich macht.

Soziales Engagement

Doch Zucchero ist nicht nur Musiker und Gutsbesitzer, er ist auch ein Mensch mit einem ganz großen Herzen. In der Region ist er eine feste Größe, nicht nur auf den Bühnen, sondern auch im Leben der Menschen. Jedes Jahr im August veranstaltet er in Pontremoli ein Benefiz-Fußballspiel, um Geld für behinderte Kinder und Erwachsene zu sammeln. Bei diesem Event sind oft prominente Freunde an seiner Seite – darunter Sting, Paul Young oder Gigi Buffon.

Eine persönliche Verbindung

Ich liebe Zucchero nicht nur als Musiker, sondern auch, weil ich so einige Parallelen zu meiner eigenen Geschichte erkenne.

Zucchero wurde von seiner Großmutter Diamante großgezogen. Sie war sein Halt, sein Schutz, seine Heimat – genau wie meine Großmutter Friedl für mich. Mit ihr bin ich immer in Urlaub gefahren, da meine Eltern keine Zeit dafür hatten.

Seine Eltern waren, genau wie meine, ständig mit der Arbeit beschäftigt. Geldverdienen war in diesen frühen Sechzigern das Wichtigste, doch darüber vergaßen sie leider ihre Kinder. Wir wurden einfach übersehen, sich selbst überlassen, nicht gehört. Diese Wunden trägt man lange mit sich herum. Vielleicht ist es das, was mich mit ihm verbindet, die Suche nach einem Zuhause.

Wenn du mehr über ihn erfahren willst, schau dir seine Dokumentation aus dem Jahr 2024 auf YouTube an. Sie ist es wert, genau wie seine Musik. Ein Künstler, eine Seele, eine Heimat. Lunisiana Soul ist nicht nur ein Name, sondern seine ganz persönliche Lebenseinstellung, die mich sehr fasziniert. Zucchero hat hier nicht nur sein Zuhause gefunden, er hat hier seine geschundene Seele geheilt und einen Ankerpunkt gefunden.

Und genau das spürt man, wenn man durch die Hügel der Lunigiana fährt, den Wind in den Olivenhainen rascheln hört und im Café in Pontremoli vielleicht zufällig ein freundliches Gesicht entdeckt. Vielleicht hörst du dabei sein für mich bestes Lied „Diamante", und plötzlich ergibt für dich möglicherweise alles einen Sinn.

Pranzo di lavoro – Die Kunst des italienischen Mittagessens

Wenn du mittags durch die Straßen eines italienischen Dorfes oder einer Kleinstadt schlenderst, kannst du es riechen, lange bevor du es siehst: den Duft von frisch gekochtem Ragù, geschmortem Fleisch, Knoblauch in Olivenöl, dampfenden Pastatellern und gebratenem Fisch.

Und wenn du dann die Tür zu einer Trattoria öffnest, wirst du förmlich von einer Welle aus Stimmen, Gelächter, klapperndem Besteck und den ständigen Rufen der Kellner und den nächsten Bestellungen überrollt. Das ist pranzo di lavoro, das traditionelle italienische Mittagsmenü – mehr als nur eine Mahlzeit, sondern ein Ritual, das einen tiefen Einblick in die italienische Esskultur gibt. Wörtlich übersetzt bedeutet pranzo di lavoro einfach Arbeitsmittagessen. Doch der Begriff täuscht. Denn hier geht es nicht um ein hastig heruntergeschlungenes Sandwich oder einen lieblosen Salat vor dem Laptop. In Italien wird selbst das Mittagessen unter der Woche zelebriert. Und damit auch diejenigen, die zwischen Werkstatt, Büro oder Baugerüst unterwegs sind, nicht darauf verzichten müssen, gibt es seit Jahrzehnten die Tradition des pranzo di lavoro – ein herzhaftes, vollwertiges, preisgünstiges Menü, das speziell für Arbeiter, Handwerker, Geschäftsleute und Pendler angeboten wird.

Es besteht in der Regel aus ein bis zwei Gängen (Pasta oder Suppe, dann Fleisch oder Fisch mit verschiedenen Beilagen zur Auswahl), dazu Brot, Wasser und ein Viertelliter Wein pro Person inklusive. Manchmal gibt es sogar noch ein kleines Dessert und oft als Abschluss auch noch den klassischen Espresso – den traditionellen Caffè.

Und das Beste? Der Preis ist unschlagbar! Meist kostet das Menü zwischen 12 und 15 Euro und du bekommst dafür eine komplette, hausgemachte Mahlzeit.

Mein Lieblingslokal in der Gegend, welches ich uneingeschränkt empfehlen kann, ist das Venelia in Monti.

Mittags im Venelia

Wer das Lokal zur Mittagszeit zum ersten Mal betritt, erlebt eine Atmosphäre – wie soll es anders sein – des vermeintlichen Chaos. Letzteres ist es tatsächlich, aber ein wohlgeregeltes. Die Italiener sind Meister in dieser Disziplin.

12.30 Uhr: Die ersten Gäste trudeln ein – meistens Handwerker, Büroangestellte oder ältere Damen und Herren, die ihr Mittagessen hier jeden Tag einnehmen.

13 Uhr: Jetzt ist die Trattoria randvoll. Das Stimmengewirr wird immer lauter, Teller klappern, eine Gruppe Männer lacht herzhaft über einen Witz, während Fatima mit Tellern beladen uns gelassen im Vorbeigehen zuruft: „Subito, arrivo! Un attimo!"

13.30 Uhr: Die Luft ist erfüllt von Essensduft, dem Quietschen von Stühlen, dem nervenden Auf- und Zuschlagen der Eingangstüre und den Rufen der Bedienungen, die mit beeindruckender Präzision alle Teller durch den Gastraum balancieren.

Die Mädels, Fatima und Graziella, haben in dieser Zeit nur ein Ziel: so viele Gäste wie möglich schnell, aber effizient zu bedienen.

Sie flitzen zwischen den Tischen, nehmen Bestellungen auswendig auf, rufen die Küche an, ohne auch nur stehen zu bleiben. Manche Gäste stehen sogar auf, um sich Brot oder einen neuen Krug Wasser selbst zu holen, weil sie wissen: mittags hat hier niemand Zeit für lange Wartezeiten. Es ist ein kontrolliertes Durcheinander, in dem aber jeder seinen Platz und seine Aufgabe kennt. Ein eingespieltes Team. Die Gäste wissen, dass sie nicht stundenlang bleiben können – nach spätestens 45 Minuten ist der Tisch meist wieder frei für die nächste Hungrigen, die teilweise schon ungeduldig im Eingangsbereich warten.

Ein passendes Konzept

Die Wurzeln des pranzo di lavoro reichen tief in die italienische Nachkriegsgeschichte zurück. In den 1950er und 1960er Jahren, als Italien nach dem Zweiten Weltkrieg im Aufschwung war, arbeiteten Tausende von Menschen in Fabriken, auf Baustellen oder in kleinen Handwerksbetrieben. Viele von ihnen kamen aus ländlichen Gegenden und hatten keinen Zugang zu einer eigenen Küche während der Mittagspause. Mein Freund Harti würde sagen: Biete deinen Kunden eine Lösung an, wenn sie bereit sind, dafür zu bezahlen.

Die Trattorien und Osterien, die fast ausschließlich von Familien geführt wurden, begannen deshalb, günstige Mittagsmenüs für die Arbeiter anzubieten – einfach, sättigend und ohne Schnickschnack.

Das Konzept blieb, denn es hatte zwei entscheidende Vorteile:

- **Für die Gäste:** Ein schnelles, erschwingliches Essen, das dennoch die typische italienische Qualität hatte – frisch gekocht, regional und saisonal

- **Für die Restaurants:** Ein konstanter Mittagsumsatz mit Stammkunden, die sich Tag für Tag wieder an die Tische setzen

Bis heute ist das pranzo di lavoro eine feste Institution, von Norditalien bis Sizilien. Warum ist also das pranzo di lavoro so besonders?

- **Qualität zum kleinen Preis**
  Die Gerichte sind oft dieselben, die auch am Abend auf der Karte stehen – nur eben in kleineren Portionen und zu einem Bruchteil des Preises
- **Saisonal und frisch**
  Was morgens auf dem Markt gekauft wurde, landet mittags auf dem Teller. Die Küche kocht, was gerade verfügbar ist, nicht, was auf einer festen Karte stehen muss
- **Gemeinschaftsgefühl**
  Viele Gäste kommen jeden Tag – oft zur selben Uhrzeit - an denselben Tisch. Hier entstehen Freundschaften, Geschäftsbeziehungen, manchmal sogar kleine Rituale zwischen Gästen und Kellnern
- **Effizienz ohne Stress**
  Die Mahlzeit ist zwar schnell, aber sie bleibt genussvoll. Man nimmt sich Zeit zum Essen, spricht mit den Kollegen oder dem Sitznachbarn, doch sobald der letzte Bissen genommen ist, geht es zurück an die Arbeit

Wie erkennt man eine gute Trattoria für den pranzo di lavoro?

Gehe dorthin, wo die Einheimischen essen! Wenn ein Lokal um 13 Uhr bis auf den letzten Platz besetzt ist und eine laute, energiegeladene Atmosphäre herrscht, bist du genau richtig.

Die Speisekarte ist klein! Sie liegt meist als Bon aus der Kasse gedruckt auf jedem Tisch aus. Oder es gibt eine mobile Tafel mit zwei oder drei Gerichten pro Gang – was die Küche frisch kochen kann, wird serviert.

Keine langen Speisekarten, keine Touristenmenüs! Das echte pranzo di lavoro richtet sich an die Einheimischen, nicht zwingend an Reisende.

Typischer Menü-Bon

Mehr als nur ein Mittagessen

Das pranzo di Lavoro ist eine grundlegende italienische Institution – eine Kombination aus Tradition, Effizienz und Liebe zum Essen. Es ist der perfekte Beweis dafür, dass gutes Essen nicht teuer oder kompliziert sein muss – es muss nur mit Liebe, Leidenschaft und guten Zutaten gemacht sein.

Wenn du also das nächste Mal durch Italien reist, zur Mittagszeit einen Hunger verspürst, setz dich in eine belebte Trattoria, stell Dir dein persönliches menu del giorno zusammen und tauche ein in die faszinierende Welt des italienischen Mittagessens.

Und vergiss nicht: Lass dich vom Chaos nicht abschrecken – das gehört dazu und das ist der wahre Charme des pranzo di lavoro.

Dolce Vita – Das Leben ist so süß, wie man es sich macht

Wenn in Deutschland von Dolce Vita gesprochen wird, zucken die Italiener oftmals nur mit den Schultern. Was die Italiener als Dolce Vita verstehen und wie wir Deutschen dieses Thema interpretieren, unterscheidet sich in einigen Punkten ganz gewaltig. Den echten italienischen Lebensstil kann man nur verstehen, wenn man in Italien lebt und die Menschen dort bei ihrem täglichen Leben beobachtet und teilgenommen hat. Ein guter Morgen fängt daher auch für mich mittlerweile mit einem Espresso an und genau hier möchte ich beginnen, um dem Geheimnis der Dolce Vita näherzukommen. Für die meisten Italiener ist ein guter Espresso am Morgen ein absolutes Pflichtprogramm, natürlich kann man diesen zu Hause in einer klassischen Caffettiera von Bialetti machen, aber zum italienischen Lebensstil gehört nun mal, dass man seinen Espresso in einer Bar trinkt.

Eine italienische Bar ist nicht wie hier bei uns in Deutschland ein Ausschank von alkoholischen Getränken, sondern vielmehr mit einem Café zu vergleichen, Alkohol ist hier absolut zweitrangig. Man bekommt Kaffee, Tavola calda, Eis, Granita und oft auch Süßspeisen (dolci). Tavola calda ist sowas wie ein Teiggebäck mit Füllung, meistens mit Mozzarella, Tomaten und Schinken, so etwas wird auch gerne zum Frühstück mitgenommen oder vor dem Espresso oder Cappuccino gegessen.

Gefüllte Hörnchen (Cornetto, Brioche) mit reichlich Marmelade oder Nutella gehören ebenso zum geliebten Take-away-Frühstück.

Sie merken schon, der Unterschied fängt beim Frühstück an. Was in Deutschland oder England von vielen als die wichtigste Mahlzeit des Tages angesehen wird, ist in Italien völlig zweitrangig. Bei den Italienern geht es nicht um eine ordentliche Mahlzeit, um den Tag zu bewältigen, nein, der erste Kaffee und der erste Smalltalk in der Bar besitzen einen viel höheren Stellenwert. Eine Bar ist so etwas wie ein sozialer Treffpunkt: Möchte man sich mit Freunden verabreden oder auch eine Geschäftsbesprechung abhalten, beginnt das Ganze oftmals in einer Bar mit einem Espresso.

Trifft man auf der Piazza einen Bekannten, schleppt man ihn gleich mit in die nächste Bar auf einen Espresso.

typisches Frühstück

Ein Hoch auf die Nonna

Jetzt möchte ich euch etwas vom italienischen Lebensstil am Mittagstisch erzählen. Ich glaube, genau hier finden wir das Herzstück des italienischen Lebensstils, genießen in vollen Zügen und das ausgiebig, wenn es um Essen geht.

Wo in Deutschland oftmals die Kantine oder das Pausenbrot herhalten muss, schließt in Italien so ziemlich alles von 13 bis 15 Uhr, insbesondere in den südlicheren Regionen. Viele Angestellten fahren über die Mittagszeit nach Hause, kochen oder verspeisen was einer der Familienangehörigen, meist die Nonna, zubereitet hat und gönnen sich dann eine Mittagsruhe. Zwischen 15 und 16 Uhr geht es dann erneut zur Arbeit bis 20 oder 21 Uhr. Im nördlichen Italien haben sich leider mittlerweile nordeuropäische Verhaltensmuster etabliert, die haben also auch nichts mehr zu lachen.

Wer noch das Glück hat, eine Nonna (Oma) in der Küche zu haben, der kann sich auf ein Drei- bis Vier-Gänge-Menü nach traditionellen Rezepten freuen. Die Nonnas stehen oftmals von morgens früh bis zur Mittagszeit in der Küche, ruhen nach dem Mittagessen und fangen dann erneut an mit dem Zubereiten des Abendessens. Aus kulinarischer Sicht erreichen wir hier gerade einen Höhepunkt des italienischen Lebens, zumindest für alle die nur genießen und nicht den ganzen Tag hinter dem Herd stehen dürfen.

Ich hatte ja bereits von meinem persönlichen Dolce Vita berichtet. Einige Lokale bieten auch ein fantastisches pranzo die lavoro für kleines Geld an. Der perfekte italienische Charakter dieses Lebensgefühls beinhaltet reichhaltiges und schmackhaftes Essen in all seinen erdenklichen Formen und Farben. Gutes Essen ist die Dreiviertelmiete und die gute Pasta darf auf keinen Fall fehlen!

Wer am Hungertuch nagen muss, ist weit von der italienischen Version des Dolce Vita entfernt. Das Mittagessen sollte zumindest aus einem Primo (Nudelteller) und einem Secondo (Hauptgang) mit Fisch, Fleisch und Beilage bestehen. Am Ende sollte noch Obst serviert werden und der obligatorische Espresso.

Am Wochenende möchte man zudem noch einen Antipastiteller als Vorspeise, um den Gaumen anzuregen, idealerweise in Begleitung eines lokalen Weins, am besten aus der eigenen Familie. Erzeugnisse aus Opas und Omas Gemüsegarten werden regelrecht zelebriert, biologisch, ohne Schadstoffe oder chemischen Dünger. Solche Highlights erfreuen immer alle Anwesenden und das Essen schmeckt gleich doppelt so gut. Und das ist ein weiteres Geheimnis dieses Landes: Wer kann schon aus so wenigen, aber fantastischen Zutaten so viele verschiedene Gerichte zaubern wie die Italiener? Das ist einfach pure Magie!

Am Mittagstisch geht es gesellig zu, die Tischenden sind immer für die Herren des Hauses reserviert, man hat einen besseren Überblick und kann die gesamte Tischgesellschaft überschauen. Alleine Mittag zu essen ist völlig undenkbar, grob geschätzt sollte der Durchschnitt bei 5 bis 6 Personen liegen, dabei wird munter geredet und vom Tag berichtet, dass man zu Tisch schweigen soll, gilt hier nicht, im Gegenteil!

Mit jedem weiteren Glas Wein gewinnt so ein Mittagessen richtig an Fahrt und gleicht gelegentlich einem kleinen, intimen Volksfest. Oft werden Freunde, Schulkameraden oder Arbeitskollegen zum Essen eingeladen, das gehört in Italien einfach mit dazu, das ist ein Stück echtes Dolce Vita, eben weil es das Leben versüßt, mit netten Menschen zusammen zu sitzen, etwas zu essen und miteinander reden. Darin steckt das Süße sowie das Leben – denn ohne ein gutes Essen und guten Wein hast du weder ein süßes noch ein langes Leben.

Dolce Vita ist also so individuell wie unsere Geschmäcker, die Wortkombination lässt einen breit gefächerten Interpretationsspielraum zu, wer allerdings meint, dass man dafür Millionen auf dem Konto benötigt, der hat meiner Meinung nach nicht ansatzweise verstanden, was Dolce Vita in Wirklichkeit bedeutet.

Für den einen ist es ein Spaziergang am Strand zum Sonnenuntergang, für einen anderen kann es ein köstliches Abendessen mit einer Flasche Rotwein sein, wieder ein anderer findet es beim Entspannen auf einer Sonnenliege mit Meeresrauschen. Die Kunst, dieses Gefühl des Dolce Vita des Öfteren zu verspüren, liegt darin, sich an den kleinen Dingen erfreuen zu können die der Seele guttun, das kann bereits bei einem interessanten Buch in Begleitung eines Cappuccinos der Fall sein. Ein gemütlicher Abend mit Freunden, das Telefonat mit einer geliebten Freundin oder dem besten Freund in der Ferne, das selbst gekochte Abendessen für Freunde.

Wer also möchte, kann im eigenen täglichen Leben ganz vieles - die kleinsten schönen Momente zu einem persönlichen, individuellen Dolce Vita werden lassen.

Ein Wort zum Schluss – grazie di cuore!

Und so endet unsere gemeinsame Reise durch die verborgene Toskana – eine Reise in ein wahrliches Juwel voller versteckter Kleinode, faszinierender Geschichten und unvergesslicher Erlebnisse. Ich hoffe, dass dieses Buch dich inspiriert hat, die Lunigiana und diesen unbekannten Winkel der Toskana mit eigenen Augen zu entdecken. Vielleicht hast du beim Lesen den Duft von frisch gebackenem Focaccia in der Nase gehabt, das Rauschen des Flusses Magra gehört oder die warme Abendsonne über den Hügeln von Fosdinovo, Pontremoli oder Mulazzo gespürt. Für mich war es eine Herzensangelegenheit, diese besondere Region mit dir zu teilen – ihre Geschichte, ihre Landschaften, ihre Menschen und vor allem ihre Seele. Denn die Toskana ist so viel mehr als die bekannten klassischen Bilder von Zypressenalleen und sanften Weinbergen. Sie lebt gerade hier in ihren kleinen Dörfern, in den Stimmen auf den Märkten, in den Geschichten, die die alten Steine flüstern – besonders in der Lunigiana. Ich möchte mich von Herzen bei dir bedanken, dass du mich auf dieser Reise begleitet hast. Ohne Leser wie dich wäre dieses Buch nicht das, was es ist.

Wenn du Lust hast, mir eine Rückmeldung zu geben, freue ich mich riesig! Was hat dich besonders berührt? Welcher Ort hat dich neugierig gemacht? Was hast du vielleicht selbst schon erlebt? Schreib mir – ich liebe den Austausch mit Menschen, die meine Leidenschaft für diese besondere Region teilen.

Und wer weiß? Vielleicht sehen wir uns ja eines Tages in einem kleinen Café in Pontremoli, bei einem Glas Wein in Lerici oder auf einem der vielen, quirligen bunten Märkte der Lunigiana.

Bis dahin – grazie mille e a presto!